Tanja Polep/Hartmut Rensen
Die Gehörsrüge (§ 321a ZPO)

Tanja Polep / Hartmut Rensen

Die Gehörsrüge (§ 321 a ZPO)

Leitfaden für die Praxis

De Gruyter Recht · Berlin

Richterin am Amtsgericht Tanja Polep, Hürth
Richter am Landgericht Dr. Hartmut Rensen, Aachen

∞ Gedruckt auf säurefreiem Papier, das die US-ANSI-Norm über Haltbarkeit erfüllt.

ISBN 3-89949-204-8

Bibliografische Information Der Deutschen Bibliothek

Die Deutsche Bibliothek verzeichnet diese Publikation in der Deutschen Nationalbibliografie; detaillierte bibliografische Daten sind im Internet über <http://dnb.ddb.de> abrufbar.

Printed in Germany

Umschlaggestaltung: Christopher Schneider, Berlin
Datenkonvertierung/Satz: Werksatz Schmidt & Schulz, Gräfenhainichen

Inhaltsübersicht

Anhang

Vorwort

Mit der vorliegenden Arbeit haben wir versucht, den nach unserem Eindruck in der bisher zur Gehörsrüge erschienen Literatur zu kurz gekommenen Bedürfnissen der anwaltlichen und insbesondere der richterlichen Praxis gerecht zu werden, ohne dabei allerdings die Vorstellungen des Reformgesetzgebers sowie die verfassungsrechtlichen Vorgaben aus den Augen zu verlieren.

Die Arbeit bietet einen umfassenden Überblick über die in Zusammenhang mit der Gehörsrüge erörterten Fragen sowie weiterführende Hinweise zu aktueller Rechtsprechung und Literatur. Sie ist auf den Stand von Anfang Juli 2004 gebracht worden – insbes. wurden das seit dem 1. Juli 2004 geltende Kostenrechtsmodernisierungsgesetz, die am 1. bzw. 9. Juli 2004 im Zuge des Justizmodernisierungsgesetzes beschlossene Änderung des § 321a ZPO sowie der am 28. April 2004 vorgelegte Entwurf eines Anhörungsrügengesetzes berücksichtigt – und soll den in der Praxis tätigen Juristen auch als Nachschlagewerk dienen. Dementsprechend befinden sich im Anhang ein mit Rechtsprechungs- und Literaturhinweisen versehenes Prüfungsschema, eine Musterrügeschrift und verschiedene Musterentscheidungen.

Für die anläßlich eines Vortrages im ständigen verfahrensrechtlichen Seminar der Universität Osnabrück zu den Auswirkungen der ZPO-Reform auf die richterliche Hinweispflicht ausgesprochene Anregung zu dieser Arbeit danken wir Herrn Prof. Dr. Foerste. Herrn Dr. Deubner danken wir für einige wichtige inhaltliche Hinweise – ein Teil der Untersuchung sollte ursprünglich als Aufsatz in der JuS erscheinen.

Aachen und Hürth, Juli 2004

Literaturverzeichnis

Ammerlahn, Kai, Anwendbarkeit der Anhörungsrüge nach § 321a ZPO in der Berufungsinstanz, JA 2004, S. 53 ff.

Bauer, Manfred, Die Gegenvorstellung im Zivilprozeß, NJW 1991, S. 1711 ff.

ders., Die Gegenvorstellung im Zivilprozeß, Berlin 1990

Baumbach, Adolf/Lauterbach, Wolfgang/Albers, Jan/Hartmann, Peter, Zivilprozeßordnung, Kommentar, – 62. Auflage, München 2004, – 52. Aufl., München 1994, – 48. Aufl., München 1990

Benda, Ernst/Weber, Albrecht, Der Einfluß der Verfassung im Prozeßrecht, ZZP 96 (1983), S. 285 ff.

Braun, Werner, Verletzung des Rechts auf Gehör und Urteilskorrektur im Zivilprozeß, NJW 1981, S. 425 ff.

ders., Nochmals – Verletzung des Rechts auf Gehör und Urteilskorrektur im Zivilprozeß, NJW 1981, S. 1196 f.

ders., Anhörungsrüge oder Wiederaufnahmeklage, NJW 1984, S. 348 f.

Bundesministerium der Justiz, Bericht der Kommission „Entlastung des Bundesverfassungsgerichts", 1998

Däubler-Gmelin, Herta, Reform des Zivilprozesses, ZRP 2000, S. 33 ff.

Dauster, Manfred, Eckpunkte der Justizreform, ZRP 2000, S. 338 ff.

Deppert, Katharina, Nichtigkeitsklage analog § 579 Abs. 1 Nr. 4 ZPO bei Verletzung des Art. 103 Abs. 1 GG?, in Festschrift für Karlmann Geiss zum 65. Geburtstag, Hrsg.: Brandner, Hans Erich/Hagen, Horst/Stürner, Rolf, Köln/Berlin/Bonn/München 2000, S. 81 ff.

Deubner, Karl G., Aktuelles Zivilprozeßrecht, JuS 2002, S. 899 ff.

Deutscher Richterbund, Justizmodernisierungsgesetz: Referentenentwurf liegt vor, DRiZ 2003, S. 223 ff.

Dörr, Dieter, Faires Verfahren, Gewährleistung im Grundgesetz der Bundesrepublik Deutschland, Diss., Kehl 1984

Ebel, Hermann, Die Berufung im Zivilprozeßreformgesetz, ZRP 2001, S. 309 ff.

Fischer, Christian, Der Wert des Beschwerdegegenstandes in § 511 Abs. 2 Nr. 1 ZPO n. F., NJW 2002, S. 1551 ff.

Foerste, Ulrich, Rezension von Wolfram Waldner, Der Anspruch auf rechtliches Gehör, 2. Aufl., Köln 2000, ZZP 115 (2002), S. 536ff.

Fölsch, Peter, Keine Zulassung der Berufung bei einem Wert der Beschwer von über 600,– EUR?, NJW 2002, S. 3758ff.

Frowein, Jochen Abraham/Peukert, Wolfgang, Europäische Menschenrechtskonvention, EMRK-Kommentar, 2. Aufl., Kehl u. a. 1996

Gaul, Hans Friedhelm, Zur Frage nach dem Zweck des Zivilprozesses, AcP 168 (1968), S. 27ff.

Gottwald, Peter, Gutachten zum 61. DJT., Verhandlungen Bd. I, S. A 27ff.

Gehrlein, Markus, Zivilprozeßrecht nach der ZPO-Reform 2002, München 2001

Gravenhorst, Wulf, Anmerkung zu BVerfG, Beschluß vom 30. April 2003, MDR 2003, S. 886f., S. 887f.

Greger, Reinhard, Zweifelsfragen und erste Entscheidungen zur neuen ZPO, NJW 2002, S. 3049ff.

Hannich, Rolf/Meyer-Seitz, Christian/Engers, Martin, ZPO-Reform – Einführung – Texte – Materialien, Köln 2002

Hartmann, Peter, Zivilprozeß 2001/2002 – Hundert wichtige Änderungen, NJW 2001, S. 2577ff.

ders., Kostengesetze, 34. Aufl., München 2004

Hesselberger, Dieter, Der Einfluß der Verfassungsnormen auf das gerichtliche Verfahren in der Rechtsprechung des Bundesverfassungsgerichts, Erlanger Festschrift für K. H. Schwab zum 70. Geburtstag, hrsg. von Wolfram Waldner und Reinhard Künzel, S. 349ff.

Hinz, Werner, Zulassungsberufung und Abhilfeverfahren nach der ZPO-Reform, W(u)M 2002, S. 3ff.

Hübsch, Gerbert, Wird die Rüge der Verletzung rechtlichen Gehörs im Zivilprozeß neu geregelt?, DRiZ 1980, S. 140f.

Jauernig, Othmar, Die „Beschwer" mit der neuen Berufung: § 511 Abs. 2 Nr. 1 ZPO, NJW 2001, S. 3027f.

ders., Der BGH und die Beschwer im neuen Rechtsmittelrecht, NJW 2003, S. 465ff.

ders., Zivilprozeßrecht, 24. Aufl., München 1996

Jung, Thomas, Der Grundsatz der Waffengleichheit im Zivilprozeß, Diss., Erlangen-Nürnberg 1990

Kahlke, Thomas, Zulassung der Berufung wegen Verletzung des rechtlichen Gehörs, NJW 1985, S. 2231 ff.

Karwacki, Angelika Christiane, Der Anspruch der Parteien auf einen fairen Zivilprozeß, Diss., Köln/Berlin/Bonn/München 1984

Kirchberg, Christian, Zivilprozeßreform und Bundesverfassungsgericht, BRAK-Mitteilungen 2000, S. 53 ff.

Koch, Melanie, Die richterliche Prozeßförderungspflicht nach dem ZPO-Reformgesetz, Hamburg 2003, zugleich Diss., Universität Münster 2003

Kramer, Wolfgang, Die Einzelrichternovelle und Art. 101 Abs. 1 S. 2 GG, JZ 1977, S. 12 ff.

Krämer, Achim, Anhörungsrüge und modifizierte Anhörungsrüge, AnwBl. 1998, S. 617 ff.

ders., Bundesverfassungsgericht – quo vadis?, AnwBl. 1999, S. 247 ff.

Kreft, Gerhart, „Greifbare Gesetzeswidrigkeit" – Gedanken zur Entlarvung eines Phantoms, in Festgabe für Karin Graßhof, Hrsg.: Pfeifer, Gerd/Burgermeister, Udo/Roth, Gerald, S. 183 ff.

Kroppenberg,, Inge, Zum Rechtsschutzbereich der Rüge gemäß § 321a ZPO, ZZP 116 (2003), S. 421 ff.

Laumen, Hans-Willi, Das Rechtsgespräch im Zivilprozeß, Diss., Köln/Berlin/Bonn/München 1984

Lexikon des Rechts, Zivilverfahrensrecht, hrsg. von Gerhard Lüke, Neuwied/Kriftel 1989

Lipp, Volker, Beschwerden wegen „greifbarer Gesetzeswidrigkeit" nach der ZPO-Reform 2002, zugleich Besprechung von BGH NJW 2002, S. 1577, NJW 2002, S. 1700 ff.

Lotz, Michael, Die „greifbare Gesetzeswidrigkeit" – eine den Wertentscheidungen des Grundgesetzes Rechnung tragende Rechtschöpfung des BGH?, NJW 1996, S. 2130 ff.

Matthei, Simone, Der Einfluß der Rechtsprechung des Europäischen Gerichtshofs für Menschenrechte auf die Zivilprozeßordnung, Diss., Frankfurt/Berlin/Brüssel/New York/Wien 2000

Maunz, Theodor/Dürig, Günther/u. a., Grundgesetz, Kommentar, Band V, Artt. 92–146, Loseblatt, München

Müller, Hans-Friedhelm, Abhilfemöglichkeiten bei der Verletzung des Anspruchs auf rechtliches Gehör nach der ZPO-Reform, NJW 2002, S. 2743 ff.

Münchener Kommentar, Kommentar zur Zivilprozeßordnung, hrsg. von Gerhard Lüke und Peter Wax, 2. Aufl., München 2000, – Bd. 1, §§ 1–354 ZPO, – Bd. 2, §§ 355–802 ZPO

Musielak, Hans-Joachim, Kommentar zur Zivilprozeßordnung,, – 3. Aufl., München 2002, – 2. Aufl., München 2000

ders., Reform des Zivilprozesses, NJW 2000, S. 2769 ff.

Nassall, Wendt, Anhörungsrügengesetz, ZRP 2004, S. 164 ff.

Niemann, Karl-Heinz/Herr, Gunther, Zulässigkeit einer außerordentlichen Berufung wegen Verletzung rechtlichen Gehörs?, ZRP 2000, S. 278 ff.

Reischl, Klaus, Der Umfang der richterlichen Instruktionstätigkeit – ein Beitrag zu § 139 Abs. 1 ZPO –, ZZP 116 (2003), S. 81 ff.

Rensen, Hartmut, Die richterliche Hinweispflicht, Bielefeld 2002

ders., § 139 ZPO n. F. – Stärkung der ersten Instanz oder alles beim Alten?, AnwBl. 2002, S. 633 ff.

ders., Erneute Änderung des § 139 ZPO (richterliche Hinweispflicht) durch Streichung der Dokumentationspflicht und der obligatorischen Schriftsatzfrist?, MDR 2003, S. 483 ff.

Rosenberg, Leo/Schwab, Karl-Heinz/Gottwald, Peter, Zivilprozeßrecht, 16. Aufl., München 2004

Schaefer, Thomas, Was ist denn neu an der neuen Hinweispflicht?, NJW 2002, S. 849 ff.

Schellhammer, Kurt, Zivilprozeßreform und erste Instanz, MDR 2001, S. 1081 ff.

Schlosser, Peter, EMRK und Waffengleichheit im Zivilprozeß, NJW 1995, S. 1404 ff.

Schmidt, Uwe, Abhilfeverfahren gemäß § 321a ZPO n. F. – Selbstkorrektur der Gerichte bei Verfahrensverletzungen, MDR 2002 S. 915 ff.

Schmidt-Bleibtreu, Bruno/Klein, Franz, Kommentar zum Grundgesetz, 9. Aufl., Neuwied/Kriftel 1999

Schneider, Egon, Nochmals – Verletzung des Rechts auf Gehör und Urteilskorrektur im Zivilprozeß, NJW 1981, S. 1196

ders., Die Gehörsrüge (§ 321a ZPO), AnwBl. 2002, S. 620 ff.

ders., Rechtsanwendungsprobleme und Kostenfragen der neuen ZPO, ZAP, Fach 13, S. 1105 ff.

ders., Die neue ZPO aus der Sicht des Gesetzgebers, ZAP, Fach 13, S. 1147 ff.

ders., Die ZPO-Reform 2002 – Ein kritisches Resümee, MDR 2003, S. 901 ff.

Schneider, Norbert, Kostenrechtliche Betrachtung zum Verfahren über die Gehörsrüge nach § 321a ZPO, NJW 2002, S. 1094f.

Schumann, Ekkehard, Bundesverfassungsgericht, Grundgesetz und Zivilprozeß, ZZP 96 (1983), S. 137. 158f.

ders., Die Wahrung des Grundsatzes des rechtlichen Gehörs – Dauerauftrag für das Bundesverfassungsgericht?, NJW 1985, S. 1134ff.

ders., Menschenrechtskonvention und Zivilprozeß, in FS für K. H. Schwab zum 70. Geburtstag, München 1990, S. 449ff.

ders., Die Gegenvorstellung im Zivilprozeß, FS für Baumgärtel zum 70. Geburtstag, Hrsg.: Prütting, Hanns, S. 491ff.

Schwartz, Harald, Gewährung und Gewährleistung rechtlichen Gehörs durch einzelne Vorschriften der Zivilprozeßordnung, Diss., Berlin 1977

Seetzen, Uwe, Die Anhörungsrüge kraft Verfassungsrechts, NJW 1982, S. 2357ff.

ders., Anhörungsrüge oder Wiederaufnahmeklage, NJW 1984, S. 347f.

Stackmann, Nikolaus, Die erfolgversprechende Berufungsschrift in Zivilsachen, NJW 2003, S. 169 ff.

Stein, Friedrich/Jonas, Martin, Kommentar zur Zivilprozeßordnung, – Erster Band, §§ 1–252, 20. Aufl., Tübingen 1984, – Band 2, §§ 91–252, 21. Aufl., Tübingen 1994, – 19. Aufl., Bd. 2, Tübingen 1972

Stürner, Rolf, Die Einwirkungen der Verfassung auf das Zivilrecht und den Zivilprozeß, NJW 1979, S. 2334ff.

ders., Die richterliche Aufklärungspflicht im Zivilprozeß, Tübingen 1982

ders., Aktuelles Forum – Eckpunkte einer Justizreform, NJW 2000, Beilage zu Heft 25, S. 31ff.

Thomas, Heinz/Putzo, Hans/Reichold, Klaus/Hüßtege, Rainer, Zivilprozeßordnung, Kommentar, – 25. Aufl., München 2003, – 16. Aufl., München 1990

Waldner, Wolfram, Aktuelle Probleme des rechtlichen Gehörs im Zivilprozeß, Diss., Erlangen-Nürnberg, 1983

Wöstmann, Heinz, Erfahrungen mit der ZPO-Reform, Bericht über einen Erfahrungsaustausch, Richter und Staatsanwalt in NRW 5/2003, S. 12

Vollkommer, Max, Zur Einführung der Gehörsrüge in den Zivilprozeß, FS für Ekkehard Schumann zum 70. Geburtstag, hrsg. von Peter Gottwald und Herbert Roth, Tübingen 2001, S. 507ff.

ders., Der Grundsatz der Waffengleichheit im Zivilprozeß – eine neue Prozeßmaxime?, Festschrift für K. H. Schwab, München 1990, S. 503ff.

ders., Erste praktische Erfahrungen mit der neuen Gehörsrüge, Festschrift für Hans-Joachim Musielak zum 70. Geburtstag, S. 619ff.

Voßkuhle, Andreas, Bruch mit einem Dogma: Die Verfassung garantiert Rechtsschutz gegen den Richter, NJW 2003, S. 2193 ff.

Zierl, Gerhard, NJW 2002, Heft 39, Editorial

Zöller, Richard, Zivilprozeßordnung, Kommentar, – 24. Aufl., Köln 2004, – 22. Aufl., Köln 2001, – 16. Aufl., Köln 1990

Untersuchung

I. Einleitung

Mit dem Gesetz zur Reform des Zivilprozesses vom 27. Juli 2001[1] hat der Gesetzgeber die Gehörsrüge eingeführt. Seit dem 1. Januar 2002 besteht nun gemäß § 321a ZPO die Möglichkeit einer gerichtlichen Selbstkorrektur, soweit zuvor Art. 103 Abs. 1 GG verletzt worden ist. Ziel der Einführung der Gehörsrüge ist u. a. die seit langem geforderte Entlastung des Bundesverfassungsgerichts.[2]

Vor Inkrafttreten des § 321a ZPO gestattete die Zivilprozeßordnung die Korrektur unanfechtbarer Entscheidungen auch dann nicht, wenn ein Verfahrensgrundrecht verletzt worden war. Den betroffenen Parteien blieb z. T. nichts anderes übrig als eine Verfassungsbeschwerde zu erheben. Die in diesem Zusammenhang seitens des Bundesverfassungsgerichts teilweise ohne Rücksicht auf die Kognitionsgrenzen[3] unter Berufung auf die materielle Gerechtigkeit gewährte „Pannenhilfe" führte zu seiner fortwährenden Überlastung.[4] Auf diese Art und Weise, insbesondere aber durch die übermäßig ausgedehnte Rechtsprechung zum rechtlichen Gehör (Art. 103 Abs. 1 GG) und zum Willkürverbot (Art. 3 Abs. 1 GG),[5] hat das Bundesverfassungsgericht die im Zivilprozeß unterlegenen Parteien zur Weiterverfolgung ihrer vermeintlichen Rechte im Wege der Verfassungsbeschwerde geradezu aufgefordert und so seine Überlastung mitverursacht.

[1] Vgl. BGBl. 2001, Teil I, S. 1887.

[2] Vgl. BT-Drucks. 14/4722, S. 63 (Die angestrebte Entlastung soll nach der Vorstellung des Gesetzgebers sogar dann eintreten, wenn das angegangene Gericht die Abhilfe verweigert hat.); abgedruckt bei *Hannich/Meyer-Seitz/Engers,* Die ZPO-Reform – Einführung – Texte – Materialien, S. 272.
Vgl. auch *Müller,* NJW 2002, S. 2743, 2745; Baumbach/Lauterbach/Albers/*Hartmann,* ZPO, 62. Aufl., § 321a Rn. 2; Zöller/*Vollkommer,* ZPO, 24. Aufl., § 321a Rn. 1.

[3] Vgl. MünchKomm-ZPO/*Lüke,* 2. Aufl., Einl. Rn. 111, 158ff.; *Schumann,* ZZP 96 (1983), S. 137, 158f.

[4] Vgl. *Müller,* NJW 2002, S. 2743; *Schneider,* AnwBl. 2002, S. 620.

[5] MünchKomm-ZPO/*Lüke,* 2. Aufl., Einl. Rn. 111, 158ff.; *Schumann,* ZZP 96 (1983), S. 137, 158f.

Die trotz allem geringe Zahl erfolgreicher Verfassungsbeschwerden[6] zeigt einerseits, daß es nur in seltenen Fällen tatsächlich der begehrten „Pannenhilfe“ bedurfte, und verdeutlicht andererseits das Ausmaß der mit der Einführung des § 321a ZPO unvermeidlich verbundenen Gefahr einer Überlastung der Zivilgerichte durch mißbräuchlich erhobene Gehörsrügen.[7] § 321a ZPO, der als Mittel zur Verbesserung des Rechtsschutzes geplant war, birgt offensichtlich die Gefahr, eben diesen Rechtsschutz nicht nur nicht zu verbessern,[8] sondern ihn erheblich zu verschlechtern; die Norm könnte zu einem bedeutenden Hemmnis der Zivilrechtspflege werden. Das gilt auch und gerade deshalb, weil der mit der Reform des Zivilprozesses und insbesondere mit § 321a ZPO einhergehende Mehraufwand[9] vor allem die Amts-

[6] Ca. 90% der eingelegten Verfassungsbeschwerden waren erfolglos, vgl. Stellungnahme des BRates, BT-Drucks. 14/4722, S. 148; abgedruckt bei *Hannich/Meyer-Seitz/Engers,* Die ZPO-Reform – Einführung – Texte – Materialien, S. 275f.

[7] Diese Gefahr sieht auch *Müller,* NJW 2002, S. 2743, 2744, der insoweit jedoch nur empfiehlt, von der Anordnungsbefugnis gemäß § 321a Abs. 6 ZPO zurückhaltend Gebrauch zu machen.
Der hier vertretenen Einschätzung stehen auch die von *Vollkommer,* FS für Musielak, S. 619, 621ff. referierten ersten Erfahrungen mit der Gehörsrüge nicht entgegen. Insofern bleibt abzuwarten, ob es angesichts des Konkurrenzdrucks in der Anwaltschaft und der drohenden Regreßauseinandersetzungen dauerhaft bei der zögerlichen Haltung der Rechtsanwälte bleiben wird. Jedenfalls hat der Gesetzgeber, den Forderungen des BVerfG gehorchend, ein Einfallstor geschaffen, mag dieses z. Zt. auch noch nicht in vollem Umfang genutzt werden.
Der DRB NRW ist aufgrund einer Umfrage übrigens zu anderen Ergebnissen gelangt als *Vollkommer,* vgl. Stellungnahme des DRB zum Anhörungsrügengesetz vom Mai 2004 (Zugriff über Homepage des DRB).

[8] So hinsichtlich der ZPO-Reform insgesamt *Schneider,* MDR 2003, S. 901ff. Vgl. auch *Wöstmann,* Bericht über einen Erfahrungsaustausch die ZPO-Reform betreffend, Richter und Staatsanwalt in NRW 5/2003, S. 12.

[9] Diesen kann man freilich nicht aus der Neufassung des § 139 ZPO herleiten, weil insoweit keine wesentlichen Änderungen eingetreten sind, vgl. *Schaefer,* NJW 2002, S. 849ff.; *Schellhammer,* MDR 2001, S. 1081, 1084; *Stackmann,* NJW 2003, S. 169, 174; *Rensen,* AnwBl. 2002, S. 633ff. Die entsprechenden Vorwürfe bei *Zierl,* NJW 2002, Heft 39/Editorial, waren unzutreffend, vgl. dazu *Rensen,* MDR 2003, S. 483ff. Ebenso unhaltbar sind die Ansichten von *Koch,* S. 203 und 222f., zur Hinweispflicht gemäß § 139 ZPO n. F. bzgl. Gestaltungsrechten und Einreden. Sie übersieht, daß es größtenteils nicht um die Anregung von Tatsachenvortrag, sondern um Prozeßerklärungen geht. Vgl. dazu *Rensen,* Die richterliche Hinweispflicht, S. 172ff. und 262. Insoweit entspricht § 139 Abs. 1 S. 2 ZPO n.F. dem § 139

gerichte trifft, die auf versprochene personelle Verstärkung weiter warten.[10]

Schon deshalb, aber auch im Hinblick auf die bereits kurz nach Inkrafttreten des § 321a ZPO entbrannten Streitigkeiten, z. B. um die analoge Anwendung der Norm auf bindende Beschlüsse und andere als erstinstanzliche Urteile[11] oder um den Gegenstand der Gehörsrüge,[12] bedarf es dringend der Klärung der Grenzen des Rechtsbehelfs.[13] Nur bei restriktiver Auslegung des § 321a ZPO werden die

Abs. 1 S. 1 ZPO a. F. Auch die Motive des Gesetzgebers – vgl. BT-Drucks. 14/4722, S. 77f. – bleiben hier unbeachtet. Dagegen entsprechen die Ergebnisse *Reischls,* ZZP 116 (2003), S. 81ff., hinsichtlich dieser Problemfälle der bisher h. M., vgl. *Reischl,* aaO., S. 111ff. Daß er eingangs in methodisch fragwürdiger Manier die genannten Ausführungen des Gesetzgebers übergeht, *Reischl,* aaO., S. 88, bleibt insofern unschädlich.
Zu Mehraufwand haben insbes. die §§ 529, 531 ZPO n. F. geführt, weil die Anwälte auf die im Rechtsmittelzug drohende Präklusion erwartungsgemäß mit einer Ausdehnung des Tatsachenvortrages im ersten Rechtszug reagieren.

10 Vgl. BT-Drucks. 14/4722, S. 60. Diese Versprechungen waren allerdings von vornherein fragwürdig. Denn die Entscheidung über den Personaleinsatz obliegt nicht dem für die Änderung der Zivilprozeßordnung zuständigen Bundesgesetzgeber, sondern ausschließlich den Bundesländern, deren Haushaltslage allseits bekannt war.

11 Dazu z. B. OLG Celle, NJW 2003, S. 906f. (Beschluß gem. § 522 Abs. 2 ZPO); OLG Frankfurt a. M, NJW 2004, S. 165ff. (Beschluß gem. § 522 Abs. 2 ZPO); OLG Jena, NJW 2003, S. 3495ff. (Beschluß gem. § 522 Abs. 2 ZPO); OLG Oldenburg, MDR 2003, S. 229f. (Berufungsurteile); OLG Rostock, NJW 2003, S. 2105 = MDR 2003, S. 1012f. (Beschluß gem. § 522 Abs. 2 ZPO); *Ammerlahn,* JA 2004, S. 53ff.; *Kroppenberg,* ZZP 116 (2003), S. 421, 439ff.; *Lipp,* NJW 2002, S. 1700, 1701f.; *Müller,* NJW 2002, S. 2743, 2745ff.; *Schneider,* AnwBl. 2002, S. 620, 621ff.

12 Dazu z. B. BGH, NJW 2002, S. 1577; *Deubner,* JuS 2002, S. 899, 902; *Kroppenberg,* ZZP 116 (2003), S. 421, 425ff.; *Lipp,* NJW 2002, S. 1700, 1702; *Müller,* NJW 2002, S. 2743, 2747; *Schmidt,* MDR 2002, S. 915, 916; *Schneider,* AnwBl. 2002, S. 620, 623; *Vollkommer,* FS für Schumann, S. 507, 516 (zur Anwendung des §321a ZPO auf andere Verfahrensgrundrechte), 519f., 526 (zur Anwendung des §321a ZPO auf Verletzungen des § 139 ZPO); *Voßkuhle,* NJW 2003, S. 2193, 2199; Zöller/*Vollkommer,* ZPO, 24. Aufl., § 321a Rn. 6 und 8 (zur Anwendung des § 321a ZPO auf andere Verfahrensgrundrechte und § 139 ZPO); *Rensen,* AnwBl. 2002, S. 633, 638 (zur Anwendung des § 321a ZPO auf Verletzungen des § 139 ZPO).

13 *Vollkommer,* FS für Musielak, S. 619, rechnet den Streit um eine Ausdehnung des Anwendungsbereichs immerhin zu den „schärfsten Kontroversen des neuen Prozeßrechts".

Zivilgerichte die drohende Mehrbelastung jederzeit in einem vertretbaren Rahmen halten und so die drohende weitere Verschlechterung der Zivilrechtspflege insgesamt vermeiden können. Statt pauschal zu empfehlen, den § 321a ZPO im Zweifel weit auszulegen, die Voraussetzungen der Norm also stets großzügig zu bejahen,[14] wird im folgenden versucht, im Spannungsverhältnis zwischen der Forderung des Bundesverfassungsgerichts nach Entlastung[15] und der drohenden Überlastung der Zivilgerichte den Anwendungsbereich des § 321a ZPO den Vorstellungen des Gesetzgebers[16] sowie den verfassungsrechtlichen Vorgaben[17] entsprechend zu begrenzen.

Die vorliegende Untersuchung gilt in erster Linie der Gehörsrüge gemäß § 321a ZPO und nicht den Verfahrensgrundrechten, wie z. B. dem Anspruch auf Gewährung rechtlichen Gehörs gemäß Art. 103 Abs. 1 GG oder dem Grundsatz prozessualer Waffengleichheit gemäß Art. 3 Abs. 1 GG. Im Hinblick auf den Gegenstand der Gehörsrüge sind Ausführungen dazu gleichwohl unentbehrlich. Ausgangspunkt ist dabei wegen der Bindungswirkung verfassungsgerichtlicher Entscheidungen (§ 31 Abs. 1 S. 1 BVerfGG) die Rechtsprechung des Bundesverfassungsgerichts.

[14] So Baumbach/Lauterbach/Albers/*Hartmann,* ZPO, 62. Aufl., § 321a Rn. 3 (allgemein, allerdings auch unter Hinweis auf den möglichen Mißbrauch); *Musielak,* ZPO, 3. Aufl., § 321a Rn. 4 (hinsichtlich des Begriffs „rechtliches Gehör"). Mag eine großzügige Auslegung und Anwendung des § 321a ZPO auch derzeit angesichts des geringen Geschäftsanfalls – vgl. *Vollkommer,* FS für Musielak, S. 619, 621 ff. – zu Mehrbelastungen nur in geringem Umfang führen, kann das doch jederzeit anders werden. Der tatsächliche Geschäftsanfall kann schon deshalb kein Auslegungskriterium iSe. weiten Anwendungsbereichs sein, weil man von einer bei geringem Geschäftsanfall vertretenen großzügigen Anwendung der Norm bei gestiegenem Geschäftsanfall nicht allein unter Hinweis auf die nunmehr unvertretbaren Konsequenzen der vormals vertretenen Auffassung Abstand nehmen könnte.

[15] So z. B. BVerfG, NJW 2003, S. 1924 ff.

[16] Vgl. BT-Drucks. 14/4722, S. 156; abgedruckt bei *Hannich/Meyer-Seitz/Engers,* Die ZPO-Reform – Einführung – Texte – Materialien, S. 277.

[17] Entgegen dem ersten Anschein gilt es nicht nur die Verfahrengrundrechte, wie z. B. dasjenige aus Art. 103 Abs. 1 GG, zu berücksichtigen, sondern in die Überlegungen ist auch das verfassungsrechtlich durch den Justizgewährungsanspruch geschützte Institut der Rechtskraft einzubeziehen.

II. Die Entstehungsgeschichte des § 321a ZPO

Oben wurde bereits ausgeführt, daß die Zivilprozeßordnung in ihrer bis zum 31. Dezember 2001 geltenden Fassung den Gerichten die Selbstkorrektur ihrer verbindlicher Entscheidungen auch dann nicht erlaubte, wenn und soweit diese unter Verletzung des Anspruch auf Gewährung rechtlichen Gehörs gemäß Art. 103 Abs. 1 GG oder anderer Verfahrensgrundrechte zustande gekommen waren. Problematisch war dies bei jenen Entscheidungen, gegen die Rechtsmittel nicht vorgesehen waren. War z. B. ein rechtzeitig eingegangener Schriftsatz nicht berücksichtigt und auf diese Weise Art. 103 Abs. 1 GG verletzt worden,[18] so war das betreffende Gericht durch § 318 ZPO grundsätzlich an einer Korrektur seines auf diesem schwerwiegenden Verfahrensfehler beruhenden Urteils auch dann gehindert, wenn hiergegen weder Berufung noch Revision statthaft waren. Als insoweit besonders anfällig hatten sich die schriftlichen Verfahren gemäß § 128 Abs. 2 und 3 ZPO sowie die vereinfachten oder Bagatellverfahren gemäß § 495a ZPO erwiesen.[19] Das Problem bestand jedoch nicht nur hinsichtlich unanfechtbarer Urteile, sondern ebenso bei unanfechtbaren Beschlüssen, z. B. bei einem Beschluß über die einstweilige Einstellung der Zwangsvollstreckung gemäß den §§ 707 Abs. 2 S. 2, 719 ZPO. Wollte der Beschwerte die Angelegenheit hier nicht auf sich beruhen lassen, blieb ihm nach dem Wortlaut des Gesetzes nur die Verfassungsbeschwerde gemäß Art. 93 Abs. 1 Nr. 4a GG in Verbindung mit den §§ 13 Nr. 8a, 90ff. BverfGG. Dies trug dazu bei,[20] daß jährlich ca. 675 Verfassungsbeschwerden gegen nicht mehr anfechtbare amtsgerichtliche Entscheidungen erhoben wurden.[21] Die entsprechenden Verfassungsbeschwerden machten ca. 97% aller erhobenen Verfassungsbeschwerden aus.[22] Das Bundesverfas-

[18] Vgl. *Müller*, NJW 2002, S. 2743.

[19] Vgl. *Schneider*, AnwBl. 2002, S. 620.

[20] Auch die verbreitete Praxis, Verfassungsbeschwerden ohne Rücksicht auf Erfolgsaussichten einzulegen – ca. 90% der eingelegten Verfassungsbeschwerden waren erfolglos –, trug freilich zu der Flut von Verfassungsbeschwerden bei. Darauf hat der Bundesrat in seiner Stellungnahme zum Regierungsentwurf zutreffend hingewiesen, vgl. BT-Drucks. 14/4722, S. 148; abgedruckt bei *Hannich/Meyer-Seitz/Engers,* Die ZPO-Reform – Einführung – Texte – Materialien, S. 275f.

[21] *Musielak,* NJW 2000, S. 2769, 2776; *Kirchberg,* BRAK-Mitteilungen 2000, S. 53, 55.

[22] So *Schneider,* AnwBl. 2002, S. 620.

sungsgerichts drohte durch Verfassungsbeschwerden gegen zivilgerichtliche Entscheidungen lahmgelegt zu werden.

In Rechtsprechung und Literatur wurden de lege lata verschiedene Lösungen des Problems erörtert:[23] Neben einer außerordentlichen Berufung analog § 513 Abs. 2 ZPO in den soeben genannten Fällen der Verletzung des Anspruchs auf Gewährung rechtlichen Gehörs durch Urteile insbesondere in schriftlichen und vereinfachten Verfahren[24] diskutierte man hinsichtlich unanfechtbarer Beschlüsse die Möglichkeiten einer außerordentlichen Beschwerde[25] und einer Gegenvorstellung[26]:

Die Befürworter einer außerordentlichen Berufung[27] – das Bundesverfassungsgericht hat die diesbezügliche Rechtsprechung zunächst lediglich gebilligt, sie später sogar als verfassungsrechtlich geboten angesehen, aber trotzdem keiner darauf gestützten Verfassungsbeschwerde stattgegeben[28] – stützten deren Statthaftigkeit auf eine Analogie zu § 513 Abs. 2 ZPO a. F. Unmittelbar regelte diese Norm die unter bestimmten Voraussetzungen vom Wert des Beschwerdegegenstandes unabhängige Statthaftigkeit einer Berufung gegen ein zweites Versäumnisurteil. Die Berufung sollte hier darauf gestützt werden können, daß kein Fall der Säumnis vorgelegen habe. Damit sei der gesetzlich nicht geregelte Fall vergleichbar, daß in einem schriftlichen Verfahren gemäß § 128 Abs. 2 oder 3 ZPO a. F. oder einem vereinfachten Verfahren gemäß § 495a ZPO das rechtliche Gehör z. B. durch Nichtberücksichtigung eines rechtzeitig eingegangenen Schriftsatzes verletzt worden sei. Teile der Rechtsprechung[29]

[23] Vgl. dazu kurz *Vollkommer,* FS für Musielak, S. 619.

[24] Vgl. Zöller/*Gummer,* 22. Aufl., § 513 Rn. 5.

[25] Vgl. Zöller/*Gummer,* 22. Aufl., § 567 Rn. 18ff.

[26] Vgl. Zöller/*Gummer,* 22. Aufl., § 567 Rn. 22ff.

[27] So OLG Schleswig, NJW 1988, S. 67; LG Aachen, MDR 1992, S. 899; LG Berlin, Jur Büro 1992, S. 567; LG Frankfurt, NJW 1987, S. 2591; LG Hamburg, WuM 1992, S. 124; LG Kiel, AnwBl. 1984, S. 502; LG Münster, NJW-RR 1989, S. 381; LG Zweibrücken, JZ 1989, S. 51; MünchKommZPO/*Rimmelspacher*, 2. Aufl., § 511a Rn. 8; *Kahlke,* NJW 1985, S. 2231, 2235f.; Baumbach/Lauterbach/Albers/*Hartmann*, ZPO, 52. Aufl., § 511a Rn. 30.

[28] Vgl. BVerfGE 60, S. 99; E 61, S. 119; E 72, S. 119 = NJW 1986, S. 2305; BVerfG, NJW 1999, S. 1176.

[29] So LG Dortmund, NJW 1986, S. 2959; LG Frankfurt, NJW 1987, S. 2591f.;

befürworteten eine noch darüber hinausgehende Analogie: § 513 Abs. 2 ZPO a. F. sei auch bei Gehörsverletzungen in Verfahren mit mündlicher Verhandlung analog anzuwenden. Allerdings lehnte die sowohl in der Literatur[30] als auch in der Rechtsprechung[31] überwiegende Ansicht eine entsprechende Anwendung des § 513 Abs. 2 ZPO a. F. ab. Der Bundesgerichtshof[32] entschied wiederholt, eine auf eine analoge Anwendung des § 513 Abs. 2 ZPO a. F. gestützte Berufung gegen Urteile in schriftlichen und vereinfachten Verfahren sei nicht statthaft. Er begründete das zum einen damit, daß hier von einer verfassungskonformen Auslegung des Verfahrensrechts keine Rede mehr sein könne, vielmehr komme nur eine Analogie in Betracht. Über diese Frage der Anwendung einfachen Gesetzesrechts hätten jedoch – in Übereinstimmung mit der Judikatur des Bundesverfassungsgerichts[33] – allein die Fachgerichte zu entscheiden. Zum anderen führte der Bundesgerichtshof zu den Voraussetzungen der streitigen Analogie aus, einerseits komme § 513 Abs. 2 ZPO a. F. nach einer Entstehungsgeschichte Ausnahmecharakter zu. Andererseits sei mit der Bestimmung lediglich bezweckt worden, den Rechtsschutz „in diesem Bereich" zu verbessern.[34] § 513 Abs. 2 ZPO lasse sich nicht der allgemeine Rechtsgedanke entnehmen, ein Verstoß gegen den Anspruch auf Gewährung rechtlichen Gehörs begründe für sich schon die Statthaftigkeit eines Rechtsmittels. Vielmehr handele es sich lediglich um eine dem Sonderfall der Säumnis geltende Vorschrift. Schließlich ergebe sich auch aus Art. 103 Abs. 1 GG nicht, daß im Fall einer Gehörsverletzungen stets ein Rechtsmittel statthaft sein müsse,[35] viel-

OLG Schleswig, NJW 1988, S. 67; LG Münster, NJW-RR 1989, S. 381; LG Hannover, NJW-RR 1989, S. 382; LG Mainz, NJW-RR 1993, S. 128; LG Essen, NJW-RR 1993, S. 576.

30 Z. B. Baumbach/Lauterbach/Albers/*Hartmann,* ZPO, 48. Aufl., § 511a Anm. 2 B; Zöller/*Schneider*, ZPO, 16. Aufl., § 511a Rn. 1; *Thomas*/Putzo, ZPO, 16. Aufl., § 511a Anm. 1; *Seetzen,* NJW 1982, S. 2336, 2341 f.

31 Z. B. LG Bonn NJW 1985, S. 1170; LG Flensburg, NJW-RR 1990, S. 127; LG Freiburg, NJW-RR 1986, S. 616; LG Köln, MDR 1987, S. 63; LG Hannover, NJW-RR 1989, S. 382.

32 Vgl. BGH, NJW 1990, S. 838, 839 f.; so auch OLG Schleswig, NJW 1988, S. 67.

33 Vgl. BVerfGE 72, S. 119, 121.

34 Vgl. BT-Drucks. 7/5250, S. 11.

35 Vgl. BGH, Beschl. v. 19. Oktober 1989, Az.: III ZR 111/88 unter Verweis auf BVerfGE 42, S. 243, 248; BGH, NJW-RR 1986, S. 1263; BayObLG, NJW 1988, S. 72.

mehr seien Verletzungen des rechtlichen Gehörs im Verfahren über eine entsprechende Verfassungsbeschwerde zu beseitigen.[36] Soweit es bei der Statthaftigkeit der Verfassungsbeschwerde mit Rücksicht auf die §§ 93b Abs. 1 S. 1 Nr. 3, 93c S. 2 BverfGG zu Einschränkungen des Rechtsschutzes komme, habe der Beschwerdeführer dies hinzunehmen,[37] weil diese Grenzen des Rechtsschutzes der verfassungsmäßigen Ordnung entsprächen und dem Beschwerdeführer kein unzumutbares Opfer abverlangt werde. Trotz dieser restriktiven Auslegung des Prozeßrechts hielt der Bundesgerichtshof eine außerordentliche Berufung bei greifbarer Gesetzwidrigkeit für statthaft,[38] schränkte das jedoch dahingehend ein, daß ein Verstoß gegen Art. 103 Abs. 1 GG dafür in der Regel nicht ausreiche. Zwar handele es sich um einen schwerwiegenden Verfahrensfehler, der Entscheidung werde hierdurch aber weder die rechtliche Grundlage insgesamt entzogen, noch sei die Entscheidung schon allein deshalb ihrem Inhalt nach gesetzwidrig.[39]

Anders als Urteile sind Beschlüsse und Verfügungen zwar grundsätzlich für das erkennende Gericht nicht bindend, denn § 318 ZPO betrifft ausdrücklich nur Entscheidungen in End- und Zwischenurteilen. Wegen § 577 Abs. 3 ZPO a. F. galt aber für Beschlüsse, die der sofortigen bzw. befristeten Beschwerde unterlagen, anderes.[40] Dasselbe galt für Entscheidungen, die auf eine sofortige Beschwerde hin ergangen waren, sowie für alle anderen urteilsähnlichen Beschlüsse.[41] Hier war

[36] BGH, Beschl. v. 19. Oktober 1989, Az.: III ZR 111/88 unter Berufung auf BVerfGE 1, S. 433, 437f.; E 28, S. 88, 95f.; E 42, S. 252, 254; E 49, S. 252, 256; E 60, S. 96, 98.

[37] So weist der BGH a.a.O. auf die annehmenden Entscheidungen des BVerfG hin: BVerfGE 48, S. 394, 395; E 50, S. 32, 35; E 51, S. 352, 354; E 60, S. 247, 249; E 61, S. 119, 122; E 64, S. 203, 206; E 69, S. 141, 143; E 70, S. 215, 218.

[38] BGH, WM 1986, S. 178; WM 1986, S. 824f.; BGH, Warn. 1987 Nr. 219; BGHR, ZPO, vor § 1/Rechtsmittel-Gesetzwidrigkeit, greifbare 1; BGHR a. a. O. 3; BGH, Beschl. v. 19. Oktober 1989, Az.: III ZR 111/88.

[39] BGHZ 43, S. 12, 19; NJW-RR 1986, S. 1263, 1264; ebenso OLG Köln, JurBüro 1986, S. 1103f.; anders OLG Düsseldorf, NJW-RR 1987, S. 1200f.

[40] Vgl. MünchKomm-ZPO/*Musielak,* 2. Aufl., § 329 Rn. 10; *Schumann,* FS für Baumgärtel, S. 491, 496; Zöller/*Vollkommer*, ZPO, 22. Aufl., § 318 Rn. 9; einschränkend *Bauer,* NJW 1991, S. 1711, 1713.

[41] Vgl. BGH, NJW 1993, S. 333 a. E.; Zöller/*Vollkommer,* ZPO, 22. Aufl., § 318 Rn. 9.

weder allgemein ein Rechtsmittel noch eine Abhilfemöglichkeit vorgesehen. Bereits das Reichsgericht hatte sich mit der Frage der Anfechtbarkeit bindender Beschlüsse zu befassen.[42] Dabei begründete es die Statthaftigkeit einer außerordentlichen Beschwerde mit dem Sinn und Zweck des Gesetzes. Der Gesetzgeber habe nämlich lediglich eine wiederholte materielle Überprüfung, nicht dagegen die erstmalige Überprüfung der prozessualen Rechtmäßigkeit ausschließen wollen. Weite Teile der Rechtsprechung und der Literatur entwickelten hiervon ausgehend einen allgemeine Geltung beanspruchenden Rechtsgedanken.[43] Die außerordentliche Beschwerde war danach gegen bindende Beschlüsse statthaft, wenn und soweit eine „greifbare Gesetzwidrigkeit" vorlag.[44] Andere verneinten schon die Verbindlichkeit verfahrensfehlerhaft ergangener Beschlüsse,[45] so daß ohne weiteres eine Selbstkorrektur stattfinden konnte – einer außerordentlichen Beschwerde bedurfte es demnach nicht mehr.

Anders als die außerordentliche Berufung und die außerordentliche Beschwerde ist die Gegenvorstellung kein Rechtsmittel. Vielmehr handelt es sich um einen gesetzlich nicht geregelten, in der Praxis entwickelten Rechtsbehelf,[46] der nach dem bisherigen Verständnis form- und fristlos erhoben werden kann[47] und das erkennende Gericht berechtigt, seine Entscheidung (Beschluß oder Verfügung) aufgrund einer in tatsächlicher oder rechtlicher Hinsicht veränderten Sachlage abzuändern. Die erforderliche Veränderung der Sach- und Rechtslage kann sich dabei auch aus Umständen ergeben, die bereits vorlagen,

[42] Vgl. RGZ 17, S. 371ff.

[43] Vgl. BayObLG, NJW-RR 1996, S. 780; Stein/Jonas/*Pohle*, ZPO, 19. Aufl., §568 Anm. III 2; *Jauernig*, Zivilprozeßrecht, 24. Aufl. (1996), § 75 I; S. 279.

[44] Nachweise bei *Lotz*, NJW 1996, 2130, 2131.

[45] So zu § 281 Abs. 2 S. 3 ZPO: BGHZ 71, S. 70, 72ff.; BGH, NJW 1982, S. 1000, 1001; NJW 1983, S. 285; NJW 1983, S. 1859; FamRZ 1984, S. 162; NJW 1993, S. 1273.

[46] Das Bundesverfassungsgericht hat die Gegenvorstellung allerdings in das Rechtswegsystem der ZPO eingeordnet, indem es gefordert hat, vor Erhebung der Verfassungsbeschwerde müsse zunächst eine Gegenvorstellung versucht werden. So BVerfGE 63, S. 77, 79; E 70, S. 180, 185f.; E 73, S. 322, 325ff.

[47] Vgl. *Bauer*, Die Gegenvorstellung im Zivilprozeß, Berlin 1990, S. 21f. Zur Gegenvorstellung nach der ZPO-Reform vgl. BGH, NJW 2002, S. 1577 (Mit Rücksicht auf § 321a ZPO und die Möglichkeit einer [befristeten] Gegenvorstellung sei eine außerordentliche Beschwerde nicht statthaft.).

aber von dem erkennenden Gericht aufgrund eines Verfahrenfehlers bisher nicht berücksichtigt worden sind. Statthaft war die Gegenvorstellung gegenüber Entscheidungen, die entweder mit einem unbefristeten Rechtmittel anfechtbar waren, nicht in materielle Rechtskraft erwuchsen,[48] für die kein spezieller Rechtsbehelfe vorgesehen war oder nicht die Möglichkeit eines Wiederaufnahmegesuchs analog §§ 578ff. ZPO a.F. bestand.[49] Insofern sollten die §§ 33a, 311a StPO analoge Anwendung finden.[50] Wegen der Unanfechtbarkeit der betreffenden Entscheidungen wurde allerdings eine Anspruch der beschwerten Partei auf Bescheidung ihrer Gegenvorstellung verneint.[51] Gleichwohl sollte das angegangene Gericht zur Korrektur seines Fehlers verpflichtet sein.[52]

Doch trotz dieser Ansätze und obwohl das Bundesverfassungsgericht die Zivilgerichte zunehmend deutlich aufforderte, Verletzungen des rechtlichen Gehörs selbst zu beheben, und eine verfassungskonforme, Art. 103 Abs. 1 GG sowie anderen Verfahrensgrundrechten entsprechende Auslegung der Zivilprozeßordnung verlangte,[53] gelang de lege lata keine allseits befriedigende Lösung. Die restriktive Auslegung des Rechtsmittelrechts sowie das Festhalten an der Rechtskraft bzw. Verbindlichkeit gerichtlicher Entscheidungen insbesondere seitens des Bundesgerichtshofes[54] stand einer umfassenden Selbstkorrektur verfassungswidriger Entscheidungen entgegen.[55] Der bereits schwelende

[48] Vgl. Zöller/*Gummer*, ZPO, 24. Aufl., § 567 Rn. 24; zur eingeschränkten Statthaftigkeit vgl. auch OLG Köln, FamRZ 1996, S. 809.

[49] Zu den Einzelheiten *Schumann,* FS für Baumgärtel, S. 491, 497f.

[50] Vgl. den richtungsweisenden Beschluß BVerfGE 9, S. 89 (zur strafprozessualen Gegenvorstellung bei Verletzung des rechtlichen Gehörs).

[51] So OLG München, ZStW 1980; S. 217; Zöller/*Gummer*, ZPO, 22. Aufl., § 567 Rn. 23.; vgl. auch Zöller/*Gummer*, ZPO, 24. Aufl., § 567 Rn. 23 m.w.N.

[52] Vgl. BVerfGE 72, S. 327ff.; Zöller/*Gummer*, ZPO, 22. Aufl., § 567 Rn. 23.

[53] Zunächst noch vorsichtig: BVerfGE 49, S. 252, 259 = NJW 1979, S. 538; BVerfGE 60, S. 99; E 61, 60, S. 119; E 72, S. 119 = NJW 1986, S. 2305. Deutlicher BVerfG NJW 1999, S. 1176 („... verfassungsrechtlich geboten ...“). Nach Einführung des § 321a ZPO: BVerfG NJW 2003, S. 1924ff.

[54] Vgl. BGHZ 43, S. 12, 19 = NJW 1978, S. 1585; BGHZ 109, S. 41, 44 = NJW 1990, S. 838, 840; BGH, NJW 1995, S. 2497; NJW 1998, S. 459 = MDR 1997, S. 550; zustimmend Zöller/*Gummer,* ZPO, 22. Aufl., § 567 Rn. 20.

[55] *Schneider,* AnwBl. 2002, S. 620, lastet das allerdings zu Unrecht allein dem Bundesgerichtshof an. Er berücksichtigt dabei nicht, daß der Gesetzgeber sträf-

Konflikt zwischen dem Bundesverfassungsgericht und der Zivilgerichtsbarkeit drohte zuletzt weiter zu eskalieren.[56]

Ebenso lange wie sich Rechtsprechung und Literatur um eine Lösung der Probleme in Zusammenhang mit der Verletzung von Verfahrensgrundrechten durch verbindliche Entscheidungen auf der Grundlage des geltenden Rechts bemühten, wurde eine Ergänzung der Zivilprozeßordnung durch eine Gehörsrüge diskutiert.[57] Entsprechende Gesetzesvorhaben in den Jahren 1979/80 und 1983 kamen allerdings jeweils nicht über das Entwurfsstadium hinaus.[58] Auch ein entsprechender Vorschlag *Gottwalds* wurde anläßlich des 61. DJT. in Karlsruhe mit großer Mehrheit abgelehnt.[59] Die 1996 vom Bundesjustizminister eingesetzte Kommission zur Entlastung des Bundesverfassungsgerichts sah dementsprechend davon ab, die Einführung einer Gehörsrüge vorzuschlagen.[60] Das Vorhaben einer Gehörsrüge galt zu diesem Zeitpunkt schon als endgültig gescheitert.[61]

Dies schien sich im Zuge der Reform der Zivilprozeßordnung zunächst zu bestätigen, denn weder der Bericht zur Rechtsmittelreform noch der Ende 1999 veröffentlichte Referentenentwurf[62] enthielten

lich lange untätig war und die Gerichte zu einer verfassungskonformen Auslegung nur berechtigt sind, soweit das dem Willen des Gesetzgebers nicht zuwiderläuft. Letzteres erschien jedoch angesichts der engen Grenzen des geschlossenen Rechtsmittelsystems, der unverzichtbaren Rechtskraft sowie der Bindungswirkung gemäß § 318 ZPO zweifelhaft.

56 *Benda,* ZZP 104, S. 224, sagte dies voraus.

57 Vgl. BT-Drucks. 14/4722, S. 85 m. w. N.; früh: *Seetzen,* NJW 1982, S. 2357ff.; NJW 1984, 347f.; *Braun,* NJW 1981, S. 425ff. u. 1196f.; NJW 1984, S. 348f.; *Schneider,* NJW 1981, S. 1196; *Schumann,* NJW 1985, S. 1134, 1139f.; *Vollkommer,* FS für Schumann, S. 507f.

58 Vgl. *Hübsch,* DRiZ 1980, S. 140f.; Mitt. (JMK), DRiZ 1983, S. 445; BMJ, Entlastung des Bundesverfassungsgerichts, Bericht der vom BMJ eingesetzten Kommission, S. 72f. u. 176ff.; *Vollkommer,* FS für Schumann, S. 508.

59 *Gottwald,* Gutachten A zum 61. DJT. 1996, S. A 28ff., A 30; Bericht, NJW 1996, S. 2987ff., zu den Abstimmungsergebnissen: S. 2994 (unter III 8).

60 Vgl. Bericht der Kommission, S. 71ff. u. 74ff. Dazu *Krämer,* AnwBl. 1998, S. 617, 620ff.; AnwBl. 1999, S. 247, 251f.; *Deppert,* FS für Geiss, S. 88f.; *Kreft,* Festgabe für Karin Graßhof, S. 193f.; *Vollkommer,* FS für Schumann, S. 507, 508.

61 Vgl. *Deppert,* FS für Geiss, S. 81, 88; *Krämer,* AnwBl. 1998, S. 617, 620; 1999, S. 247, 251; *Vollkommer,* FS für Schumann, S. 507 (Fn. 3).

62 Vgl. Bundesministerium der Justiz, Referentenentwurf eines Gesetzes zur Reform des Zivilprozesses vom 23. Dezember 1999. Dazu *Däubler-Gmelin,* ZRP

entsprechende Vorschläge.[63] Die Gehörsrüge fand erstmals – überraschend und weitgehend unbemerkt – Aufnahme in den Fraktionsentwurf vom 4. Juli 2000.[64] Unverändert wurde die Norm dann von dort in den Regierungsentwurf[65] übernommen und erhielt ihre endgültige Fassung während der Beratungen des Rechtsausschusses.[66]

Wenn auch während des Gesetzgebungsverfahrens keine nennenswerte Diskussion mehr stattfand,[67] sind im Hinblick auf die Auslegung des § 321a ZPO doch einige Details von besonderem Interesse:

1. Musielak[68] hatte bezüglich der Fassung des Fraktionsentwurfs eine Ausdehnung der Gehörsrüge gemäß § 321a ZPO „auf jede Verletzung eines Verfahrensgrundrechts" angeregt. Davon hat der Gesetzgeber abgesehen, allerdings ohne sich mit dieser Anregung eingehend auseinanderzusetzen.

2. Nach der allgemeinen Begründung des Regierungsentwurfs soll die Gehörsrüge gemäß § 321a ZPO das Bundesverfassungsgericht von solchen Verfassungsbeschwerden entlasten helfen, die auf Verletzungen des Anspruchs auf Gewährung des rechtlichen Gehörs gemäß Art. 103 Abs. 1 GG gestützt werden, indem eine Möglichkeit der Selbstkorrektur unanfechtbarer Urteile geschaffen wird. Damit werde das Bedürfnis des erstinstanzlichen Gerichts befriedigt, vorwiegend unbeabsichtigte Verletzungen des Anspruchs auf Gewährung rechtlichen Gehörs beseitigen zu können, und zum anderen das Bundesverfassungsgericht in doppelter Weise entlastet: Bei begründeter Rüge könnte der Verfassungsverstoß beseitigt werden, bei unbegründeter Rüge verringere sich der Prüfungsaufwand des Bundesverfassungs-

2000, S. 33ff.; *Stürner,* NJW 2000, Heft 25, Beilage, S. 31 ff.; *Dauster,* ZRP 2000, S. 338ff.; Stellungnahme der RAK Köln, Mitt. 2/2000, S. 97ff.

63 Vgl. *Vollkommer,* FS für Schumann, S. 507.

64 Vgl. BT-Drucks. 14/3750.

65 Vgl. BT-Drucks. 14/4722.

66 S. die Beschlußempfehlung und den Bericht des Rechtsausschusses in BT-Drucks. 14/6036.

67 Kurz zum gesamten Gesetzgebungsverfahren *Vollkommer,* FS für Schumann, S. 507f.

68 *Musielak,* NJW 2000, S. 2769, 2776.

gerichts im Hinblick auf die vorangegangene Aufbereitung des Prozeßstoffs durch das zuvor angerufene Amtsgericht.[69]

Der Bundesrat trat dem in seiner Stellungnahme zum Regierungsentwurf jedoch entgegen: Eine Entlastung des Bundesverfassungsgerichts könne überhaupt nur in ganz geringem Umfang eintreten. Lediglich 11% der gegen Gerichtsentscheidungen gerichteten Verfassungsbeschwerden seien nämlich erfolgreich gewesen, davon sei nur z.T. Art. 103 Abs. 1 GG einschlägig gewesen, und wiederum nur ein Teil der betreffenden Verfassungsbeschwerden habe sich gegen amtsgerichtliche Entscheidungen gerichtet. Der Umstand, daß 90% der bisher erhobenen Verfassungsbeschwerden erfolglos gewesen seien, zeige, daß von diesem Rechtsbehelf ohne Rücksicht auf seine Erfolgsaussichten Gebrauch gemacht worden sei. Dementsprechend würden sich unterlegene Verfahrensbeteiligte auch nicht von einem vorgeschalteten Rechtsbehelf abhalten lassen. Die Gehörsrüge werde voraussichtlich zu einer erheblichen Mehrbelastung der Amtsgerichte führen, denn die „Hemmschwelle" sei diesbezüglich wesentlich geringer als diejenige vor einer Verfassungsbeschwerde. Deshalb werde auch die Zahl der Rügen ein Vielfaches derjenigen der Verfassungsbeschwerde betragen.[70] Wenn auch das, was aufgrund der eingangs erwähnten Zahlen zu erwarten sei, nicht zu einer höheren Erfolgsquote führe, werde der negative Effekt eintreten, daß die nachfolgende Zahl von Verfassungsbeschwerden ansteige. Dabei werde es kaum Entlastung bringen, daß der Prozeßstoff bereits von einem Zivilgericht aufbereitet worden sei. Denn das enthebe das Bundesverfassungsgericht nicht der Notwendigkeit eigener genauer Prüfung. Die Regelung sei aber unabhängig von den vorstehenden Erwägungen verfehlt, weil nicht sämtliche unanfechtbare Entscheidungen erfaßt seien. Schließlich sei auch eine Hemmung der Rechtskraft nicht geboten, weil gerade dies eine Verschleppung ermögliche.[71]

[69] BT-Drucks. 14/4722, S. 63; abgedruckt bei *Hannich/Meyer-Seitz/Engers,* Die ZPO-Reform – Einführung – Texte – Materialien, S. 272.

[70] Nach *Vollkommer,* FS für Musielak, S. 619, 621ff. hat sich diese Befürchtung bisher nicht bestätigt. Der DRB NRW ist allerdings aufgrund einer Umfrage zu einem abweichenden Ergebnis gelangt, vgl. Stellungnahme des DRB zum Anhörungsrügengesetz vom Mai 2004 (Zugriff über Homepage des DRB möglich).

[71] Bundesrat in BT-Drucks. 14/4722, S. 148; abgedruckt bei *Hannich/Meyer-Seitz/Engers,* Die ZPO-Reform – Einführung – Texte – Materialien, S. 275ff.

Die Bundesregierung hielt trotz dieser deutlichen Kritik an ihrem Vorschlag fest und erwiderte, der Hinweis des Bundesrates auf die Inkonsequenz der Regelung im Hinblick auf ihren begrenzten Anwendungsbereich – nicht bei sämtlichen unanfechtbaren Entscheidungen – verkenne die für jedes Rechtsmittelsystem bestehende Notwendigkeit, die Überprüfungsmöglichkeiten nicht unendlich auszudehnen. Der Hemmung der Rechtskraft bedürfe es, um die Schaffung vollendeter (rechtswidriger) Tatsachen zu verhindern. Eine Verfahrensverzögerung sei nicht zu befürchten, zumal sich der Eintritt der Rechtskraft bei Erhebung der Gehörsrüge maximal um einen Monat verzögern werde.[72]

Der Rechtsausschuß des Bundestages führte schließlich letzte Änderungen herbei, mit denen zum einen sichergestellt wurde, daß die Rügefrist nicht verstreichen kann, bevor das Urteil in vollständiger Form abgefaßt ist, und zum anderen, daß die Begründung der Entscheidung über die Rüge knapp gefaßt werden darf und so mit nur wenig Aufwand begründet werden kann. Um einer mißbräuchlichen Inanspruchnahme des Rügeverfahrens entgegen zu wirken, wurde außerdem eine Unterliegenspauschalgebühr von 50,– EUR eingeführt.[73]

3. Der Gesetzgeber hat im Zuge der Reform der Zivilprozeßordnung mit § 543 Abs. 2 Nr. 2 ZPO n. F. u. a. im Hinblick auf die Verletzung von Verfahrensgrundrechten einen Grund für die Zulassung der Revision[74] geschaffen. Er hat dabei namentlich auf den Anspruch auf Gewährung rechtlichen Gehörs und das Willkürverbot sowie auf die Möglichkeit einer Gegenvorstellung Bezug genommen.[75]

4. In Zusammenhang mit der Neufassung des Beschwerderechts hat der Gesetzgeber schließlich zwar mit § 574 Abs. 2 Nr. 2 ZPO n. F.

[72] Bundesregierung in BT-Drucks. 14/4722, S. 156; abgedruckt bei *Hannich/Meyer-Seitz/Engers,* Die ZPO-Reform – Einführung – Texte – Materialien, S. 277.

[73] BT-Drucks. 14/6036; abgedruckt bei *Hannich/Meyer-Seitz/Engers,* Die ZPO-Reform – Einführung – Texte – Materialien, S. 277 f. Zur Gebühr vgl. Anlage 1 zum GKG Nr. 1960.

[74] IdR. kann das freilich erst im Verfahren über die Nichtzulassungsbeschwerde geschehen.

[75] So BT-Drucks. 14/4722, S. 103ff.; abgedruckt bei *Hannich/Meyer-Seitz/Engers,* Die ZPO-Reform – Einführung – Texte – Materialien, S. 371f.

einen dem § 543 Abs. 2 Nr. 2 ZPO n. F. entsprechenden Grund für die Zulassung einer Rechtsbeschwerde geschaffen, aber von der Einführung einer Nichtzulassungsbeschwerde im Hinblick auf die im Gegensatz zur Revisionsrecht weniger bedeutsamen Streitgegenstände bewußt abgesehen.[76]

Im Zuge des bereits beschlossenen Justizmodernisierungsgesetzes erfährt der soeben erst eingeführte und in der Praxis noch kaum erprobte[77] § 321a ZPO erneut eine Änderung: Durch eine Neufassung des § 321a Abs. 5 S. 1 ZPO sollen Zweifel an dem Umfang der erforderlichen Neuverhandlung beseitigt werden. Es soll klargestellt werden, daß der Prozeß, nur soweit die Gehörsrüge reicht, der Fortführung bedarf. Der Rügeführer soll nicht Gelegenheit erhalten, sein gesamtes erstinstanzliches Vorbringen zu wiederholen.[78]

Im Hinblick auf die vom Bundesverfassungsgericht in seiner Plenarentscheidung vom 30. April 2003[79] dem Gesetzgeber gesetzte Frist ist bis spätestens zum 31. Dezember 2004 eine umfassende Neuregelung der Korrekturmöglichkeiten bei Verletzung von Verfahrensgrundrechten zu erwarten.[80]

Während *Gravenhorst* diesbezüglich vorgeschlagen hatte, § 321a ZPO durch einen umfassend anwendbaren Verfassungsrekurs zu ersetzen,[81]

[76] Vgl. BT-Drucks. 14/4722, S. 116f.; abgedruckt bei *Hannich/Meyer-Seitz/Engers*, Die ZPO-Reform – Einführung – Texte – Materialien, S. 411.

[77] Vgl. zu den ersten Erfahrungen mit dem Rechtsbehelf *Vollkommer*, FS für Musielak, S. 619ff.

[78] Vgl. BT-Drucks. 15/1508, S. 5 und 19 (Gesetzentwurf der BReg) sowie BT-Drucks. 15/3482, S. 7 und 47 (Beschlußempfehlung des Rechtsausschusses und endgültige Fassung); Bericht zum Justizmodernisierungsgesetz, DRiZ 2003, S. 223f.
Der Bundestag hat den Gesetzentwurf in der Fassung der Beschlußempfehlung des Rechtsausschusses (BT-Drucks. 15/3482) in seiner 118. Sitzung am 1. Juli 2004 verabschiedet und der Bundesrat hat das Gesetz am 9. Juli 2004 beschlossen (BRats-Drucks. 537/04). Die Änderungen werden gem. Art. 14 des Justizmodernisierungsgesetzes am ersten Tag des auf die Verkündung folgenden Kalendermonats in Kraft treten.

[79] BVerfG, NJW 2003, S. 1924ff. = JZ 2003 S. 791ff. = MDR 2003, S. 886f.

[80] Vgl. *Rosenberg/Schwab/Gottwald* § 61 Rn. 44 a. E.

[81] Vgl. *Gravenhorst*, Anm. zu BVerfG, MDR 2003, S. 886ff., S. 887f.

hat sich das Bundesministerium der Justiz mit dem am 28. April 2004 vorgelegten Entwurf eines Gesetzes über die Rechtsbehelfe bei Verletzung des Anspruchs auf rechtliches Gehör (Anhörungsrügengesetz) nicht für einen erneuten Systemwechsel, sondern für eine begrenzte Ausdehnung des Anwendungsbereichs der Gehörsrüge und eine Ergänzung der Zulassungsgründe für die Revision und die Rechtsbeschwerde entschieden. Daneben soll der die Rügefrist betreffende § 321a Abs. 2 ZPO eine Änderung erfahren.[82]

III. Die Zwecke des § 321a ZPO

Der Begründung des Regierungsentwurfs sind folgende Zwecke der Gehörsrüge gemäß § 321a ZPO zu entnehmen:

1. Entscheidungen, die auf einer Verletzung des Anspruchs auf Gewährung rechtlichen Gehörs beruhen, sollen durch das Ausgangsgericht korrigiert werden können (Selbstkorrektur).

2. Das Bundesverfassungsgerichts soll entlastet werden, nämlich entweder durch Abhilfe seitens des Ausgangsgerichts oder – bei Ablehnung der Abhilfe – durch Aufbereitung des Prozeßstoffs, was dem Bundesverfassungsgericht jedenfalls die ihm obliegende Entscheidung erleichtere (Entlastung des Bundesverfassungsgerichts).[83]

Diese doppelte Zwecksetzung entspricht auch der oben geschilderten Entstehungsgeschichte der Norm, soweit nämlich mit ihrer Einführung einer dringenden Forderung des Bundesverfassungsgerichts entsprochen wurde und die Norm zugleich als Ergebnis einer jahrzehntelangen Diskussion um die Folgen von Gehörsverletzungen im Zivilprozeß und die Statthaftigkeit außerordentlicher Rechtsbehelfe anzusehen ist.

[82] Vgl. dazu *Nassall,* ZRP 2004, S. 164ff. sowie die Stellungnahmen des DRB und der BRAK hierzu (Zugriff jeweils über die Homepage möglich).

[83] BT-Drucks. 14/4722, S. 63; abgedruckt bei *Hannich/Meyer-Seitz/Engers,* Die ZPO-Reform – Einführung – Texte – Materialien, S. 272. Dazu auch Baumbach/Lauterbach/Albers/*Hartmann,* ZPO, 60. Aufl., § 321a Rn. 2; Zöller/*Vollkommer,* ZPO, 23. Aufl., § 321a Rn. 1.

Die vorgenannten Zwecke lassen Rückschlüsse auf die Grenzen der Gehörsrüge zu: Nach den Vorstellungen des Gesetzgebers erfordert nicht jeder Verfahrensfehler eine Selbstkorrektur, sondern lediglich ein Verfassungsverstoß. Denn nur Verfassungsverletzungen können Gegenstand verfassungsgerichtlicher Verfahren und Entscheidungen sein, nicht dagegen Verstöße gegen einfaches Gesetzesrecht. Eine Entlastung ist deshalb auch nur dort möglich, wo eine Verfassungsverletzung in Rede steht.

Den Motiven ist eine weitere Grenze der Gehörsrüge zu entnehmen: Dem Vorwurf des Bundesrates, § 321a ZPO in der Fassung des Regierungsentwurfs leide unter einer erheblichen Inkonsequenz, weil die Norm nicht auf sämtliche unanfechtbare Entscheidungen Anwendung finde,[84] hielt die Bundesregierung entgegen, für jedes Rechtsmittelsystem bestehe die Notwendigkeit, Überprüfungsmöglichkeit zu begrenzen, sie nicht gleichsam in das Unendliche auszudehnen.[85] Dementsprechend hat sich der Gesetzgeber hinsichtlich zweitinstanzlicher Urteile, die der Wertberufung nicht zugänglich sind, auch für die Einführung eines speziellen Zulassungsgrundes, des § 543 Abs. 2 Nr. 2 ZPO, entschieden und bezüglich des Beschwerderechts zwar den inhaltsgleichen § 576 Abs. 2 Nr. 2 ZPO eingeführt, aber bewußt von einer Nichtzulassungsbeschwerde abgesehen. Nach Auffassung des Gesetzgebers scheint also der Anwendungsbereich des § 321a ZPO auf die unmittelbar geregelten Fälle begrenzt zu sein. Jedenfalls wurde auf eine weitergehende Regelung mit Blick auf die notwendigen Grenzen jeglicher Überprüfung bewußt verzichtet, es handelt sich keineswegs um ein bloßes Redaktionsversehen.[86]

Mit der Gehörsrüge gemäß § 321a ZPO soll also den Ausgangsgerichten die Korrektur ansonsten unanfechtbarer Entscheidungen, die aber unter Verstoß gegen ein Verfahrensgrundrecht – nach Wortlaut, Motiven und Entstehungsgeschichte der Norm kommen sogar nur

[84] BT-Drucks. 14/4722, S. 148; abgedruckt bei *Hannich/Meyer-Seitz/Engers,* Die ZPO-Reform – Einführung – Texte – Materialien, S. 275 ff.

[85] BT-Drucks. 14/4722, S. 156; abgedruckt bei *Hannich/Meyer-Seitz/Engers,* Die ZPO-Reform – Einführung – Texte – Materialien, S. 277.

[86] So in einem bestimmten – unten noch ausführlich zu erörternden – Zusammenhang *Schmidt,* MDR 2002, S. 915, 918.

Verstöße gegen Art. 103 Abs. 1 GG in Betracht[87] – ergangen sind, ermöglicht werden, um dadurch das Bundesverfassungsgericht zu entlasten. Die Gehörsrüge ist angesichts der klaren Äußerung des Gesetzgebers in den Motiven auf die unmittelbar geregelten Fälle zu begrenzen, der Rechtsschutz gegen Verfassungsverstöße ist nach den Vorstellungen des Gesetzgebers nicht weiter auszudehnen als es die §§ 321a, 543 Abs. 2 Nr. 2, 544 und 576 Abs. 2 Nr. 2 ZPO zulassen.

IV. Die formellen Voraussetzungen der Gehörsrüge

Gemäß § 321a ZPO ist auf die Rüge der durch das Urteil beschwerten Partei der Prozeß vor dem Gericht des ersten Rechtszuges fortzuführen, sofern es sich um ein nicht berufungsfähiges Urteil handelt und das Gericht in entscheidungserheblicher Weise den Anspruch dieser Partei auf Gewährung rechtlichen Gehörs verletzt hat. Die diesbezügliche Rügeschrift ist innerhalb einer Notfrist von 2 Wochen, grundsätzlich beginnend mit der Zustellung des Urteils,[88] beim Gericht des ersten Rechtszuges einzureichen. Diese dem Wortlaut nach eindeutige Vorschrift hat seit ihrem Inkrafttreten in verschiedener Hinsicht zu lebhaften Diskussionen geführt.

1. Die Statthaftigkeit der Gehörsrüge, § 321a Abs. 1 Nr. 1 ZPO

a) Der unmittelbare Anwendungsbereich der Gehörsrüge: unanfechtbare erstinstanzliche Urteile

Nach seinem Wortlaut ist § 321a ZPO nur auf erstinstanzliche Urteile anwendbar, gegen die eine Berufung nach § 511 Abs. 2 ZPO nicht zulässig ist, bei denen also der Wert des Beschwerdegegenstandes sechshundert Euro nicht übersteigt und das Gericht des ersten Rechtszuges die Berufung im Urteil nicht zugelassen hat.

[87] In BT-Drucks. 14/4722, S. 63, 85 ist nur Art. 103 Abs. 1 GG genannt. Zudem hat der Vorschlag *Musielaks,* NJW 2000, S. 2769, 2776, § 321a ZPO auf alle Verfahrensgrundrechte zu erweitern, keine Berücksichtigung gefunden. Das Problem wird unten ausführlich erörtert.

[88] Im Falle des § 313a Abs. 1 S. 2 ZPO erst dann, wenn auch das Protokoll zugestellt ist.

Die Frage der Zulässigkeit der Berufung ist dabei für jede Partei gesondert zu beurteilen. Dies kann im Falle eines Teilunterliegens von Bedeutung sein, wenn nämlich die Berufungssumme hinsichtlich der einen Partei erreicht ist, für die andere Partei dagegen nicht.

Eine Gehörsrüge kann nicht unter Hinweis auf die Möglichkeit der Anschlußberufung als unstatthaft verworfen werden, denn diese kann nach dem Gesetz zur Reform der Zivilprozeßordnung nur noch unselbständig eingelegt werden. § 511 Abs. 2 ZPO ist insofern nicht einschlägig. Ein Abstellen auf die Anschlußberufung (§ 524 ZPO) in Zusammenhang mit der Statthaftigkeit der Gehörsrüge ist somit sowohl aufgrund des Gesetzeswortlauts ausgeschlossen[89] als auch deshalb, weil die Statthaftigkeit eines Rechtsbehelfs nicht von einem Verhalten der gegnerischen Partei abhängig gemacht werden darf.[90]

Sofern die Berufung nur einer Seite offen steht, die andere Partei jedoch Gehörsrüge erhebt, ist das Berufungsverfahren gemäß § 148 ZPO bis zur Entscheidung über die Gehörsrüge auszusetzen.[91] Anderenfalls bestünde die Gefahr divergierender Sachentscheidungen.

Für die Statthaftigkeit der Gehörsrüge gemäß § 321a Abs. 1 Nr. 1 ZPO ist der Streit um die Auslegung des § 511 Abs. 2 Nr. 1 und 2 ZPO insofern von Bedeutung, als § 321a Abs. 1 Nr. 1 ZPO voraussetzt, daß weder Zulassungs- noch Wertberufung statthaft sind.[92]

Jauernig[93] meint, abweichend vom Wortlaut des § 511 Abs. 2 Nr. 1 ZPO sei auf den Wert der Beschwer, also den Wert des Unterliegens in erster Instanz, abzustellen. Denn zwischen Wert- und Zulassungsberufung bestehe ein Alternativverhältnis. Bereits im erstinstanzlichen Urteil sei über die Zulassung der Berufung zu entscheiden. Den Wert des Beschwerdegegenstandes könne das Gericht zu diesem

89 So *Müller,* NJW 2002, S. 2743, 2744; *Schmidt,* MDR 2002, S. 915, 916.

90 Vgl. dazu *Müller,* NJW 2002, S. 2743, 2744.

91 So auch *Hinz,* WM 2002, S. 3, 6; *Müller,* NJW 2002, S. 2743, 2744.

92 Vgl. *Schmidt,* MDR 2002, S. 915.

93 Für ein Abstellen auf den Wert der Beschwer: *Jauernig,* NJW 2001, S. 3027f.; *ders.*, NJW 2003, S. 465, 469.
Anders Baumbach/Lauterbach/Albers/*Hartmann*, ZPO, 62. Aufl., § 321a Rn. 12; *Fischer,* NJW 2002, S. 1551, 1552; *Musielak,* ZPO, 3. Aufl., § 321a Rn. 2, *Schmidt,* MDR 2002, S. 915f.

Zeitpunkt indes noch gar nicht bestimmen. Deshalb könne allein der Wert der Beschwer maßgeblich sein. Nach der Gegenauffassung, hat das erstinstanzliche Gericht unabhängig vom Wert der Beschwer über die Zulassung der Berufung zu befinden, das von *Jauernig* angenommene Alternativverhältnis zwischen Wert- und Zulassungsberufung bestehe nicht.[94]

Zwar hätte es *Jauernig* folgend durchaus Sinn gemacht, im Rahmen des § 511 Abs. 2 Nr. 1 ZPO in Anlehnung an § 546 Abs. 1 S. 1 ZPO a. F. auf den Wert der Beschwer abzustellen, weil der Wert des Beschwerdegegenstandes hier wie dort bei der Entscheidung über die Zulassung des Rechtsmittels nicht bekannt sein kann.[95] In den Motiven zur Reform der Zivilprozeßordnung heißt es dazu jedoch, der Gesetzgeber habe mit der Einführung des § 511 Abs. 2 Nr. 1 ZPO nur im Hinblick auf § 495a ZPO eine Anpassung vorgenommen.[96] Eine grundsätzliche Neuregelung war mithin nicht beabsichtigt. Vielmehr wollte der Gesetzgeber – abgesehen von der vorgenannten Anpassung der Berufungssumme – an der zuvor geltenden Regelung des § 511a ZPO a. F. festhalten.[97] Danach kam es jedoch für die Statthaftigkeit der Berufung unstreitig auf den Wert des Beschwerdegegenstandes und – anders als bei § 546 Abs. 1 S. 1 ZPO a. F. – nicht auf denjenigen der Beschwer an.[98] Indes stellte sich vor der Einführung der Zulassungsberufung auch das Problem ihres Verhältnisses zur Wertberufung nicht, es bedurfte vor Einlegung einer Berufung keiner Entscheidung über die Zulassung der Berufung und den Wert des Beschwerdegegenstandes. Für die Frage der Zulassung der Berufung läßt sich das Problem aber noch in Übereinstimmung mit dem Wortlaut auch des § 511 Abs. 2 ZPO – „... oder ...“ – lösen: Das erstinstanzliche Gericht hat über die Zulassung der Berufung ohne Rücksicht auf die Beschwer bzw. den möglichen Wert des Beschwerdegegenstandes zu entscheiden. Der Wortlaut zwingt entgegen dem ersten Anschein keineswegs zur Annahme des von *Jauernig* postulierten Alternativverhältnisses von Wert- und Zulassungsberufung. Viel-

94 So *Fischer,* NJW 2002, S. 1551; *Fölsch,* NJW 2002, S. 3758, 3759; *Greger,* NJW 2002, S. 3049, 3051.
95 Vgl. *Schmidt,* MDR 2002, S. 915.
96 Vgl. dazu BT-Drucks. 14/4722, S. 93.
97 Vgl. dazu BT-Drucks. 14/4722, S. 93.
98 Vgl. *Fischer,* NJW 2002, S. 1551 f.; *Schmidt,* MDR 2002, S. 915, 916.

mehr bezieht sich die Alternativität lediglich auf die Frage der Statthaftigkeit der Berufung.

Anderes gilt jedoch für § 321a Abs. 1 Nr. 1 ZPO: Da hier allein das Urteil und damit die Zulassungsentscheidung sowie der Wert der Beschwer bekannt sind, kann es für § 321a Abs. 1 Nr. 1 ZPO allein auf den Wert der Beschwer ankommen. Nur insofern bedarf es der von *Jauernig* befürworteten berichtigenden Auslegung des § 511 Abs. 2 Nr. 1 ZPO.

b) Die analoge Anwendung des § 321a ZPO auf andere Entscheidungen als unanfechtbare erstinstanzliche Urteile

Ruft man sich die obigen Ausführungen zur Entstehungsgeschichte des § 321a ZPO und hier speziell diejenigen zu den vor dessen Inkrafttreten de lege lata vorgeschlagenen Lösungen in Erinnerung, stellt man fest, daß die Norm in unmittelbarer Anwendung lediglich die früher unter dem Gesichtspunkt einer analogen Anwendung des § 513 Abs. 2 ZPO a. F. erörterten Fälle abdeckt.[99] Fraglich ist dementsprechend, was nach der Reform der Zivilprozeßordnung für die unter dem Gesichtspunkt der außerordentlichen Beschwerde und der Gegenvorstellung diskutierten Fälle, für andere nicht rechtsmittelfähige Urteile[100] sowie für Beschlüsse gemäß § 522 Abs. 2 ZPO gelten soll.

Teile der Rechtsprechung und Literatur befürworten in diesem Zusammenhang eine analoge Anwendung des § 321a ZPO.[101] Begründet

[99] Vgl. auch Schneider, AnwBl. 2002, S. 621, der indes daraus voreilig den Schluß zieht, die Vorschrift wäre deshalb überflüssig.

[100] Z. B. für nicht revisible Urteile der Berufungszivilkammer an den Landgerichten. Denn der Gesetzgeber hat zwar die Zulassungsrevision eingeführt, § 543 Abs. 2 ZPO, die Nichtzulassungsbeschwerde (§ 544 ZPO) aber jedenfalls bis zum 31. Dezember 2006 von einer Beschwerdesumme in Höhe von 20.000,– EUR abhängig gemacht, § 26 Nr. 8 EGZPO.

[101] So BGH, NJW 2004, S. 2529f. (Beschwerdeentscheidung und Zulassung der Rechtsbeschwerde); OLG Celle, NJW 2003, S. 906f. (Beschluß gem. § 522 Abs. 2 ZPO); MDR 2003, S. 593 (Berufungsverfahren); OLG Frankfurt a. M., NJW 2004, S. 165ff. (Beschluß gem. § 522 Abs. 2 ZPO); OLG Hamburg, NJOZ 2003, S. 2867; OLG Hamm, NJW 2003, S. 296; OLG Jena, NJW 2003, S. 3495f. (Berufungsurteil); OLG Köln, FamRZ 2004, S. 207; OLG Naumburg, NJW-RR 2003, S. 353.

wird das hinsichtlich der Entscheidungen der Berufungsgerichte mit einem Hinweis auf § 525 S. 1 ZPO, wonach auf das weitere Verfahren die für das Verfahren vor den Landgerichten im ersten Rechtszug geltenden Vorschriften entsprechend anzuwenden sind, sofern sich nicht aus den Regelungen des Abschnitts über die Berufung etwas Abweichendes ergibt. Letzteres sei hinsichtlich des Rügeverfahrens unzweifelhaft nicht der Fall. Die analoge Anwendbarkeit des § 321a ZPO auch hinsichtlich der Entscheidungen der Revisionsgerichte ergebe sich aus § 555 ZPO.[102] Ferner sei eine Selbstkontrolle von Verfassungs wegen geboten.[103] § 321a ZPO enthalte schließlich den allgemeinen Rechtsgedanken, daß einer Verletzung des rechtlichen Gehörs auch bei unanfechtbaren Entscheidungen auf eine form- und fristgerechte Rüge des Betroffenen hin durch das erkennende Gericht abzuhelfen sei.[104]

Die Gegenmeinung[105] argumentiert insbesondere im Hinblick auf den zuletzt genannten Gedanken, daß sich aus der Entstehungsgeschichte der Norm das Gegenteil ergebe. Denn auf die Kritik des Bundesrates, daß nämlich die Begrenzung der Gehörsrüge auf Entscheidungen in Bagatellverfahren inkonsequent sei,[106] entgegnete die

Zustimmend *Müller,* NJW 2002, S. 2743, 2745; Thomas/Putzo/*Reichold*/Hüßtege, ZPO, 25. Aufl., § 321a Rn. 18; *Schneider,* AnwBl. 2002, S. 620, 621; *ders.*, ZAP, Fach 13, S. 1105, 1120ff. und 1147, 1151f.
Offengelassen von OLG Frankfurt a. M., NJW-RR 2003, S. 140, 141.

102 *Müller,* NJW 2002, S. 2743, 2746.

103 *Müller,* NJW 2002, S. 2743, 2746; BGH, NJW 2004, S. 2529f.

104 *Müller,* NJW 2002, S. 2743, 2746.

105 KG, NJOZ 2004, S. 777; OLG Bamberg, OLG-Report Bamberg 2003, S. 264; OLG Celle, BauR 2003, S. 1928; OLG Oldenburg, MDR 2003, S. 229f. (Berufungsurteil); OLG Karlsruhe, MDR 2004, S. 593; OLG Rostock, NJW 2003, S. 2105f. = MDR 2003, S. 1012 (Beschluß gem. § 522 Abs. 2 ZPO); OLG Stuttgart, JurBüro 2003, S. 487; LG Aachen, Beschl v. 17. September 2003, Az.: 2 S 23/03 (unveröffentlicht – Berufungsurteil).
Ammerlahn, JA 2004, S. 53ff.; *Ebel,* ZRP 2001, S. 311, 313; *Gehrlein,* Zivilprozeßrecht nach der ZPO-Reform 2002, § 5 Rn. 8; *Jauernig,* Zivilprozeßrecht, 27. Aufl., § 29 III, S. 318f.; *Kroppenberg,* ZZP 116 (2003), S. 421, 439ff.; Zöller/*Vollkommer*, ZPO, 24. Aufl., § 321a Rn. 3a und 4.

106 So Stellungnahme des Bundesrates, BT-Drucks. 14/4722, S. 148; abgedruckt bei *Hannich/Meyer-Seitz/Engers,* Die ZPO-Reform – Einführung – Texte – Materialien, S. 275ff.

Bundesregierung:[107] „Der Hinweis des Bundesrates, daß die Regelung konsequenterweise auf alle Verfahrensentscheidungen ausgedehnt werden müsse, bei denen die Verfahrensordnung einen ordentlichen Rechtsbehelf nicht mehr vorsieht, verkennt die Notwendigkeit eines jeden Rechtsmittelsystems, im Interesse der Rechtssicherheit – aber auch des effektiven Ressourceneinsatzes – die Überprüfungsmöglichkeiten nicht gleichsam ins Unendliche auszudehnen. Einer Überprüfung der Überprüfungsentscheidung, etwa des vom Bundesrat in Bezug genommenen Zurückweisungsbeschlusses nach § 522 Abs. 2 ZPO, in dessen Rahmen eine geltend gemachte Verletzung des Anspruchs auf rechtliches Gehör bereits zu prüfen ist, bedarf es deshalb nicht."

Maßgeblich muß im Rahmen der Auslegung und im Hinblick auf die notwendige planwidrige Regelungslücke auch bei der analogen Anwendung des § 321a ZPO trotz aller Umstände, die für die Schaffung einer Selbstkorrekturmöglichkeit sprechen mögen, der gesetzgeberische Wille bleiben. Der steht indes sowohl nach dem Wortlaut des § 321a Abs. 1 Nr. 1 ZPO als auch nach den vorgenannten Motiven einer Analogie entgegen. Der Gesetzgeber war sich nämlich auf die diesbezügliche Stellungnahme des Bundesrates hin der Grenzen der Gehörsrüge sehr wohl bewußt und hat bewußt daran festgehalten. Darüber hinaus hat er speziell für Entscheidungen der Berufungs- bzw. Beschwerdegerichte mit Rücksicht auf die Verletzung von Verfahrensgrundrechten einen Zulassungsgrund für die Revision bzw. die Rechtsbeschwerde vorgesehen, die Nichtzulassungsbeschwerde jedoch bezüglich der Revision begrenzt und für die Rechtsbeschwerde sogar von ihrer Einführung abgesehen.[108]

Auch das Verfassungsrecht gebietet keine andere Beurteilung. Dabei kann dahinstehen, ob man dem Bundesverfassungsgericht unter Bruch des bisherigen Dogmas, daß die Verfassung keinen Rechtsschutz gegen richterliche Entscheidungen gewährleiste,[109] dahingehend folgt, daß aus Art. 103 Abs. 1 GG in Verbindung mit dem Justizgewährungsanspruch die Unverbindlichkeit solcher Entschei-

[107] Vgl. Gegenäußerung der Bundesregierung, BT-Drucks. 14/4722, S. 156.

[108] Diesen Zusammenhang erkennt OLG Celle, MDR 2003, S. 593, zutreffend, ohne allerdings weitere Konsequenzen zu ziehen.

[109] So zutreffend bereits der Titel des Beitrags von *Voßkuhle,* NJW 2003, S. 2193 ff.

dungen, die auf einer Gehörsverletzung beruhen, und die gesetzgeberische Pflicht, eine Korrekturmöglichkeit für diese Fälle vorzusehen, herzuleiten sind.[110] Denn gegebenenfalls wären die seitens des Gesetzgebers ausdrücklich angeordneten Grenzen des Anwendungsbereich der Gehörsrüge zwar verfassungswidrig, eine verfassungskonforme Auslegung oder gar eine entsprechende Analogie kämen aber wegen des entgegenstehenden gesetzgeberischen Willens dennoch nicht in Betracht. Mit Rücksicht auf das gesetzgeberische Ermessen hinsichtlich der Ausgestaltung des danach erforderlichen Rechtsbehelfs hätte es vielmehr zunächst bei dem begrenzten Anwendungsbereich des § 321a ZPO zu verbleiben. Anderes gälte nur dann, wenn der Gesetzgeber die ihm in der vorgenannten Entscheidung des Bundesverfassungsgerichts für die Ausübung seines Ermessens bis zum 31. Dezember 2004 gesetzte Frist nicht einhielte.[111]

Diese Argumente kann man auch nicht auf die Frage der entsprechenden Anwendung des § 321a ZPO bei Entscheidungen der Berufungsgerichte bzw. der Beschwerdegerichte beschränken, hinsichtlich nicht anfechtbarer erstinstanzlicher Beschlüsse aber eine Analogie befürworten, wie z. B. *Voßkuhle*[112] dies vertritt. Denn der Gesetzgeber hat sich ausweislich der Motive zu § 321a ZPO bewußt gegen eine umfassende Abhilfemöglichkeit bei Gehörsverletzungen entschieden. Anläßlich der Stellungnahme der Bundesregierung zur Kritik des Bundesrates an der vorgeschlagenen Fassung der Norm ging es nämlich zunächst darum, ob es inkonsequent sei, die Regelung des § 321a ZPO nicht auf alle Entscheidungen auszudehnen, bei denen die Zivilprozeßordnung keinen ordentlichen Rechtsbehelf vorsah. Die folgende Äußerung der Bundesregierung, daß es keiner Überprüfung der Überprüfungsentscheidung bedürfe, sollte lediglich die ganz erheblichen negativen Konsequenzen der Auffassung des Bundesrates verdeutlichen, spiegelt dabei aber – wohl schon im Hinblick auf das

[110] Vgl. BVerfG, NJW 2003, S. 1924ff.

[111] Vgl. BVerfG, NJW 2003, S. 1924ff. = MDR 2003, S. 886f. = JZ 2003, S. 791ff. Für den Fall der Nichteinhaltung der dem Gesetzgeber gesetzten Frist, hat das BVerfG angeordnet, daß die betreffenden Verfahren auf eine innerhalb von 14 Tagen zu erhebende Rüge hin vor dem Ausgangsgericht fortzusetzen ist.
Auch Zöller/*Vollkommer,* ZPO, 24. Aufl., § 321a Rn. 3a zieht diesen Schluß aus der vorgenannten Entscheidung des BVerfG und spricht sich jedenfalls für die Zeit bis zum Ablauf der Frist gegen eine Analogie aus.

[112] NJW 2003, S, 2193, 2198f.

danach genannte Beispiel des § 522 Abs. 2 ZPO – nur einen Teilaspekt der Problematik wider. Eine Unterscheidung nach bestimmten Fallgruppen mag daher zwar de lege ferenda sachgerecht erscheinen, sie widerspricht aber ebenso wie eine umfassende Anwendung der Norm den Vorstellungen des Gesetzgebers. Außerdem obliegt die Entscheidung über den Anwendungsbereich des § 321a ZPO sowie über mehr oder weniger sachgerechte Differenzierungen in diesem Zusammenhang nicht den Rechtsanwendern, sondern, wovon auch das Bundesverfassungsgericht in der oben genannten Entscheidung ausgegangen ist, ausschließlich dem Gesetzgeber. Der hat sich hierzu aber keinerlei Gedanken gemacht, sondern sich pauschal sowohl gegen eine umfassend anwendbare Gehörsrüge als auch gegen weitere, die §§ 321a, 543 Abs. 2 Nr. 2, 544, 576 Abs. 2 Nr. 2 ZPO ergänzende Bestimmungen entschieden.

Die ersten Erfahrungen lassen befürchten, daß sich die Gehörsrüge nicht als geeignetes Mittel zur Selbstkorrektur erweisen wird. Eine Erweiterung empfiehlt sich auch deshalb nicht.[113a]

Im Falle einer unstatthaften Gehörsrüge hat das Gericht weiter zu prüfen, ob der Rechtsbehelf als Gegenvorstellung ausgelegt werden kann. Das kommt jedoch nur in Betracht, sofern die angefochtene Entscheidung einer Gegenvorstellung überhaupt zugänglich ist, also jedenfalls nicht bei Urteilen.[113] Eine fehlerhafte Bezeichnung des Rechtsbehelfs ist grundsätzlich unschädlich, bei anwaltlicher Vertretung kommt jedoch eine Umdeutung ohne weiteres nicht in Betracht.[114]

c) Änderungen durch das Anhörungsrügengesetz

Nach dem Entwurf eines Anhörungsrügengesetzes vom 28. April 2004 soll § 321a Abs. 1 ZPO dahingehend geändert werden, daß die Gehörsrüge nicht mehr nur gegen erstinstanzliche Urteile, sondern all-

[113] Zum begrenzten Anwendungsbereich der Gegenvorstellung und zur Umdeutung von Rechtsbehelfen vgl. Musielak/*Ball*, ZPO, 3. Aufl., § 5676 Rn. 27; Zöller/*Gummer*, ZPO, 24. Aufl., § 567 Rn. 22; Zöller/*Herget*, ZPO, 24. Aufl., § 707 Rn. 22.

[113a] *Vollkommer*, FS für Musielak, S. 619, 654; *Nassall*, ZRP 2004, S. 164, 167f.

[114] Vgl. dazu Baumbach/Lauterbach/Albers/*Hartmann*, ZPO, 62. Aufl., § 569 Rn. 8; Zöller/*Gummer*, ZPO, 24. Aufl., § 569 Rn. 7a (weniger streng für die Fälle anwaltlicher Vertretung).

gemein gegen Entscheidungen statthaft ist. Voraussetzung ist, daß gegen diese kein Rechtsmittel statthaft ist und die betreffende Entscheidung darüber hinaus nicht im Rahmen eines Rechtsmittels gegen eine andere Entscheidung überprüfbar ist.[115]

Zunächst fällt auf, daß nach dem Wortlaut nunmehr an die Regeln über die Statthaftigkeit von Rechtsmitteln, also z. B. an § 511 Abs. 1 ZPO angeknüpft werden soll, während bisher nur an die Zulässigkeit gem. § 511 Abs. 2 ZPO. Die Folge wäre eine ganz erhebliche Verkürzung des Anwendungsbereichs der Norm hinsichtlich erstinstanzlicher Urteile.[116] Unter Berücksichtigung der Einzelbegründung des Entwurfs und des erklärten Ziels einer Ausdehnung des Anwendungsbereichs der Gehörsrüge gemäß den Vorgaben des Bundesverfassungsgerichts dürfte es sich dabei allerdings lediglich um ein redaktionelles Versehen handeln. Gemeint sind Entscheidungen, gegen die Rechtsmittel nicht zulässig sind.[117]

Das Inkrafttreten des § 321a ZPO i. d. F. des Entwurfs vom 28. April 2004 bedeutete das Ende des oben dargestellten Streits um die analoge Anwendung der Gehörsrüge auf andere als erstinstanzliche Urteile und eine Abkehr von dem noch der ZPO-Reform zugrundeliegenden Willen des Gesetzgebers, den Rechtsbehelf der Gehörsrüge hinsichtlich der anfechtbaren Entscheidungen zu begrenzen. Allerdings bleibt der Anwendungsbereich der Gehörsrüge und damit auch ihre Bedeutung insofern beschränkt, als zugleich eine Erweiterung der §§ 543 Abs. 2 ZPO (Revision), 574 Abs. 2 ZPO (Rechtsbeschwerde) auf Gehörsverletzungen beabsichtigt ist. Insoweit wäre nämlich fortan ein Rechtsmittel zulässig und deshalb die Gehörsrüge unstatthaft.[118]

[115] Vgl. *Nassall,* ZRP 2004, S. 164; Stellungnahmen des DRB und der BRAK (Zugriff jeweils über Homepage möglich).

[116] So zutreffend der DRB in seiner Stellungnahme vom Mai 2004 (Zugriff über die Homepage des DRB möglich).

[117] Vgl. DRB, Stellungnahme vom Mai 2004 (Zugriff über die Homepage des DRB möglich).

[118] Vgl. zu den Änderungen *Nassall,* ZRP 2004, S. 164, 165; auch zu den Folgen für § 321a ZPO Stellungnahme des DRB vom Mai 2004 (Zugriff über die Homepage des DRB möglich).

2. Das für die Gehörsrüge zuständige Gericht, § 321a Abs. 1 und 2 S. 2 ZPO

Für die Entscheidung über die Gehörsrüge bzw. Abhilfebeschwerde ist gemäß § 321a Abs. 1, Abs. 2 S. 2 ZPO das Ausgangsgericht zuständig, also dasjenige Gericht, dessen Entscheidung angefochten wird.

3. Die Form der Gehörsrüge, § 321a Abs. 2 Nr. 1 und 2 ZPO

Die Gehörsrüge ist schriftlich bei dem zuständigen Gericht zu erheben. Das Schriftlichkeitserfordernis gilt grundsätzlich auch in Verfahren ohne Anwaltszwang, denn die Gehörsrüge betrifft in der Regel Verfahren ohne Anwaltszwang und § 321a Abs. 2 Nr. 1 und 2 ZPO sieht keine diesbezügliche Ausnahme vor.

In der Literatur wird die Frage, ob dem Schriftlichkeitserfordernis durch eine Erklärung zu Protokoll des Urkundsbeamten der Geschäftsstelle genügt werden kann, unterschiedlich beantwortet. Teilweise wird dies ohne nähere Begründung als nicht ausreichend angesehen,[119] während das überwiegend zugelassen wird.[120] Der zuletzt genannten Auffassung ist im Hinblick auf die §§ 496, 129a Abs. 2 ZPO zuzustimmen. Danach können in Verfahren ohne Anwaltszwang Erklärungen, die grundsätzlich der Schriftform bedürfen, mündlich zu Protokoll der Geschäftsstelle erklärt werden. Es gibt keinen Grund, warum für das Verfahren der Gehörsrüge anderes gelten sollte.

Die Rügeschrift muß den Prozeß bezeichnen, dessen Fortführung begehrt wird, und es bedarf gemäß § 321a Abs. 2 S. 1 Nr. 2 ZPO darüber hinaus der Darlegung einer entscheidungserheblichen Gehörsverletzung.

Bei der entsprechenden Überprüfung der Rügeschrift, ist allerdings zu berücksichtigen, daß im Rahmen der Zulässigkeit nicht schon die

[119] Vgl. *Hartmann,* NJW 2001, S. 2584, 2587; *Schmidt,* MDR 2002, S. 915, 916.
[120] Vgl. Zöller/*Vollkommer*, 24. Aufl., § 321a Rn. 12; *Musielak,* 3. Aufl., § 321a Rn. 5; Baumbach/Lauterbach/Albers/*Hartmann,* 62. Aufl., § 321a Rn. 23; *Hinz,* WuM 2002, S. 3, 7.

Schlüssigkeit der Darlegungen überprüft werden darf, sondern es sich dabei um eine Frage der Begründetheit handelt. Es muß also in Zusammenhang mit § 321a Abs. 2 S. 1 Nr. 2 ZPO ausreichen, wenn die Rügeschrift die Umstände einer vermeintlichen Gehörsverletzung bezeichnet und Ausführungen zur Entscheidungserheblichkeit enthält, gleich ob diese schlüssig sind oder nicht. Auch die ausreichende Substantiierung des Vorbringens darf im Rahmen der Zulässigkeit nicht geprüft werden.[121]

Gehörsverletzungen kommen in Betracht, wenn das Gericht der rügeführenden Partei keine hinreichende Äußerungsmöglichkeit gegeben hat, sei es, daß es Umstände berücksichtigt hat, die der Partei nicht bekannt waren, einen nach Art. 103 Abs. 1 GG erforderlichen Hinweis nicht erteilt, einen gemäß Art. 103 Abs. 1 GG gebotenen Schriftsatznachlaß nicht einräumt oder die mündliche Verhandlung unter Verstoß gegen Art. 103 Abs. 1 GG nicht wieder eröffnet hat.[122] In der Rügeschrift ist in diesen Fällen darzulegen, was in rechtlicher und/oder tatsächlicher Hinsicht bei Gewährung einer hinreichenden Äußerungsmöglichkeit vorgebracht worden wäre.

Der Anspruch auf Gewährung rechtlichen Gehörs kann auch dadurch verletzt worden sein, daß das erkennende Gericht eine Erklärung der rügeführenden Partei nicht zur Kenntnis genommen hat bzw. wegen gerichtsinterner Umstände nicht zur Kenntnis hat nehmen können, z. B. weil ein Schriftsatz bei Gericht verloren gegangen, zur spät zur Akte gelangt oder schlicht übersehen worden ist oder weil das Gericht den Vortrag für unsubstantiiert gehalten bzw. als verspätet behandelt und deshalb präkludiert hat.[123] Hier genügt es, in der Rügeschrift auf den betreffenden Vortrag Bezug zu nehmen.

[121] An die Rügeschrift sind insofern keine höheren Anforderungen zu stellen als an eine Berufungsbegründung. Vgl. dazu Baumbach/Lauterbach/Albers/*Hartmann,* ZPO, 62. Aufl., § 520 Rn. 23; Zöller/*Gummer/Heßler,* ZPO, 24. Aufl., § 520 Rn. 34.

[122] Zu Fallgruppen: *Schmidt,* MDR 2002, S. 915, 916.

[123] Vgl. *Schmidt,* MDR 2002, S. 915, 916.

4. Die Rügefrist, § 321a Abs. 2 ZPO

Die Rügeschrift ist gemäß § 321a Abs. 2 S. 2 ZPO innerhalb einer zweiwöchigen Notfrist, beginnend mit der Zustellung des Urteils bzw. in den Fällen des § 313a Abs. 1 S. 2 ZPO mit der Zustellung des Protokolls bei dem Ausgangsgericht einzulegen. Maßgeblich ist hier wie sonst der Eingang. Innerhalb derselben Frist ist die Rüge außerdem in der oben näher dargelegten Form zu begründen. Dies folgt aus dem Umstand, daß die Begründung zum notwendigen Inhalt der Rügeschrift gehört.

Nicht geregelt sind die Folgen einer unwirksamen Zustellung für die Rügefrist. Eine noch im Entwurf enthaltene, an die §§ 517, 548 ZPO angelehnte Bestimmung, wonach die Frist maximal fünf Monate seit der Verkündung der Entscheidung betragen sollte, ist nicht Gesetz geworden. Begründet wurde das damit, daß die Frist nicht verstreichen können solle, bevor der beschwerten Partei anhand der Urteilsgründe eine Überprüfung der Entscheidung auf eine erhebliche Gehörsverletzung möglich sei.[124]

Vollkommer[125] schlägt diesbezüglich vor, den Rechtsgedanken der 5-Monatsfrist dennoch heranzuziehen, nämlich in dem Sinne, daß von diesem Zeitpunkt an die Entscheidung als nicht mit Gründen versehen anzusehen sei, was einer Verletzung des rechtlichen Gehörs gleichstehe.

Weitaus praktikabler und auch methodisch überzeugender erscheint es, die Frist als nicht in Lauf gesetzt anzusehen. Demzufolge kann die Gehörsrüge grundsätzlich jederzeit erhoben werden. Anderes gilt nur unter den Voraussetzungen der prozessualen Verwirkung entsprechend § 242 BGB. Besonders ist dabei zu beachten, daß zu dem Zeitablauf ein Umstandsmoment hinzutreten muß, wie z. B. eine antragsgemäße Kostenfestsetzung.

Im Rahmen des Anhörungsrügengesetzes i. d. F. vom 28. April 2004 ist eine Ergänzung des § 321a Abs. 2 ZPO um einen S. 4 beabsichtigt.

124 So der Rechtsausschuß, BT-Drucks 14/6036, S. 121.
125 In: Zöller, ZPO, 24. Aufl., § 321a Rn. 14.

Danach soll die zweiwöchige Notfrist des § 321a Abs. 2 S. 1 ZPO spätestens mit dem Ablauf von fünf Monaten Nach der Verkündung der Entscheidung oder, falls keine Verkündung stattgefunden hat, nach der Übergabe an die Geschäftsstelle beginnen.[126] Dieser Vorschlag stößt auf die gleichen Bedenken, die bereits im Zuge der ZPO-Reform zur geltenden Fassung des § 321a Abs. 2 ZPO geführt haben.[127]

5. Die Beschwer, § 321a Abs. 1 S. 1 ZPO

Bereits dem Wortlaut des § 321a Abs. 1 S. 1 ZPO nach kann nur eine beschwerte Partei die Gehörsrüge erheben.[128] Der Begriff der Beschwer ist hierbei wie im Rechtsmittelrecht zu verstehen: Beschwert ist derjenige, dessen Begehren nicht in vollem Umfang entsprochen (formelle Beschwer) bzw. der verurteilt wurde (materielle Beschwer).[129]

6. Das Rechtsschutzbedürfnis – andere Korrekturmöglichkeiten, §§ 319–321 ZPO

Eine Gehörsrüge ist schließlich – wegen fehlenden Rechtsschutzbedürfnisses – immer dann ausgeschlossen, wenn der beschwerende Mangel im Wege einer Berichtigung wegen offenbarer Unrichtigkeit gemäß § 319 ZPO, einer Tatbestandsberichtigung gemäß § 320 ZPO oder einer Urteilsergänzung gemäß § 321 ZPO beseitigt werden kann.[130] Mit der Einführung der Gehörsrüge war – wie oben ausgeführt – lediglich die Schließung einer auf Art. 103 Abs. 1 GG zurückgehenden Lücke im Rechtsbehelfssystem der Zivilprozeßordnung beabsichtigt.

[126] *Nassall,* ZRP 2004, S. 164.

[127] Vgl. Stellungnahme der BRAK vom Mai 2004 (Zugriff über die Homepage der BRAK möglich).

[128] Baumbach/Lauterbach/Albers/*Hartmann,* ZPO, 62. Aufl., § 321a Rn. 16; Thomas/Putzo/*Reichold,* ZPO, 25. Aufl., § 321a Rn. 3.

[129] Baumbach/Lauterbach/Albers/*Hartmann,* ZPO, 62. Aufl., Grundz. § 511 Rn. 13ff.; Thomas/Putzo/*Reichold,* ZPO, 25. Aufl., § 511 Vorbem. Rn. 16ff.; Zöller/*Gummer/Heßler,* ZPO, 24. Aufl., Vor § 511 Rn. 10ff.

[130] Baumbach/Lauterbach/Albers/*Hartmann,* ZPO, 62. Aufl., § 321a Rn. 5ff. Zöller/*Vollkommer,* ZPO, 24. Aufl., § 321a Rn. 9 läßt ohne nähere Begründung die Gehörsrüge neben den §§ 319–321 ZPO zu.

V. Die materiellen Voraussetzungen der Gehörsrüge, § 321a Abs. 1 Nr. 2 ZPO

Materiell setzt eine Gehörsrüge gemäß § 321a Abs. 1 Nr. 2 ZPO eine entscheidungserhebliche Verletzung des Anspruchs auf Gewährung rechtlichen Gehörs voraus.

1. Der Gegenstand der Gehörsrüge, § 321a Abs. 1 Nr. 2 ZPO

Fraglich ist zunächst, was unter rechtlichem Gehör im Sinne des § 321a Abs. 1 Nr. 2 ZPO zu verstehen ist. Sieht man nur auf den Wortlaut des § 321a Abs. 1 Nr. 2, Abs. 2 Nr. 2 ZPO, scheint der Gegenstand der Gehörsrüge klar zu sein: Gerügt werden kann nur eine Verletzung des Art. 103 Abs. 1 GG – dies ist der sichere Anwendungsbereich des § 321a ZPO –, nicht gerügt werden können dagegen Verletzungen anderer Verfahrensgrundrechte sowie Verstöße gegen die in § 139 ZPO geregelte richterliche Hinweispflicht.

Soweit es um § 139 ZPO geht, spricht für dieses restriktive Verständnis neben dem Wortlaut des § 321a Abs. 1 Nr. 2 ZPO, daß Art. 103 Abs. 1 GG keine allgemeine Hinweispflicht gewährleistet[131] und dementsprechend die richterliche Hinweispflicht, wie sie einfachgesetzlich in § 139 ZPO verankert ist, nicht in ihrem vollen Umfang verfassungsrechtlich garantiert ist. Vielmehr setzt Art. 103 Abs. 1 GG insoweit lediglich einen Minimalstandard.[132] Um so mehr überrascht es, daß nach Ansicht Vollkommers auch eine Verletzung der richterlichen Hinweispflicht gemäß § 321a Abs. 1 Nr. 2 ZPO gerügt werden können

[131] Vgl. BVerfGE 42, S. 64, 85 (abweichende Meinung *Geiger*); BGHZ 85, S. 288, 291; OLG Hamm NJW-RR 1995, S. 956, 957. Dazu auch *Rensen,* Die richterliche Hinweispflicht, S. 86.

[132] So BVerfGE 42, S. 64, 85f. (abweichende Meinung *Geiger*); NJW 1980, S. 1093; BGHZ 85, S. 288, 291f.; MünchKomm-ZPO/*Peters*, 2. Aufl., § 139 Rn. 55f.; MünchKomm-ZPO/*Prütting,* 2. Aufl., § 278 Rn. 54; Musielak/*Stadler,* ZPO, 2. Aufl., § 139 Rn. 4; Musielak/*Foerste,* ZPO, 2. Aufl., § 278 Rn. 8; Stein/Jonas/*Leipold,* ZPO, 21. Aufl., § 139 Rn. 37 und § 278 Rn. 66. Vgl. dazu auch *Rensen,* Die richterliche Hinweispflicht, S. 297ff.

soll.[133] Begründet wird das mit Abgrenzungsproblemen und der mangelnden inneren Rechtfertigung einer Beschränkung der Gehörsrüge gemäß § 321a ZPO auf Art. 103 Abs. 1 GG.[134]

Weniger überraschend ist im Hinblick auf die vom Gesetzgeber angestrebte Entlastung des Bundesverfassungsgerichts,[135] daß verbreitet eine Anwendung der Gehörsrüge gemäß § 321a ZPO auf die Fälle der Verletzung eines anderen Verfahrensgrundrechts gefordert wird.[136]

a) Der Anspruch auf Gewährung rechtlichen Gehörs, Art. 103 Abs. 1 GG

So eindeutig eine Verletzung des Anspruchs auf Gewährung rechtlichen Gehörs gemäß Art. 103 Abs. 1 GG im Rahmen der Gehörsrüge gerügt werden kann, so fraglich ist im Hinblick auf die nahezu unübersehbare Rechtsprechung zu diesem wichtigsten Verfahrensgrundrecht[137] der Inhalt desselben.

aa) Der gemäß Art. 103 Abs. 1 GG verfassungsrechtlich verbürgte Anspruch auf rechtliches Gehör ist nach zutreffender Auffassung nicht nur Ausfluß des Rechtsstaatsprinzips gemäß Art. 20 Abs. 3 GG, sondern auch der durch Art. 1 Abs. 1 GG gewährleisteten Menschenwürde.[138] Rechtliches Gehör kann dementsprechend nicht mit der

[133] So *Vollkommer,* FS für Schumann, S. 507, 519f., 526; Zöller/*Vollkommer,* ZPO, 24. Aufl., § 139 Rn. 6 und 8. Ihm offenbar folgend, jedoch ohne auf das Problem einzugehen: *Schmidt,* MDR 2002, S. 915, 916. Vgl. auch Rosenberg/Schwab/*Gottwald* § 61 Rn. 39 (allgemein für einfachgesetzliche Bestimmungen, die dem Schutz rechtlichen Gehörs zu dienen bestimmt sind); *Schneider,* ZAP, Fach 13, S. 1105, 1120ff. und S. 1147, 1151f.

[134] So *Vollkommer,* FS für Schumann, S. 507, 519f.

[135] Vgl. BT-Drucks. 14/4722, S. 85; abgedruckt bei *Hannich/Meyer-Seitz/Engers,* Die ZPO-Reform, S. 273.

[136] So BGH NJW 2002, S. 1577; *Kroppenberg,* ZZP 116 (2003), S. 421, 425ff.; *Lipp,* NJW 2002, S. 1700, 1702; *Müller,* NJW 2002, S. 2743, 2747; Rosenberg/Schwab/*Gottwald* § 61 Rn. 44; *Schneider,* AnwBl. 2002, S. 620, 623.

[137] Art. 103 Abs. 1 GG ist trotz der anderen, z. T. umfangreichen Verfahrensgrundrechte der häufigste Prüfungsmaßstab der verfassungsgerichtlichen Rechtsprechung zum Zivilprozeß, MünchKomm-ZPO/*Lüke,* 2. Aufl., Einl. Rn. 109; *Schumann,* ZZP 96 (1983), S. 137, 148.

[138] Vgl. BVerfGE 7, S. 53, 57f.; 7, S. 275, 278ff.; 9, S. 89, 95; BVerfG NJW-RR 1994, S. 188, 189; *Benda/Weber,* ZZP 96 (1983), S. 285, 300; *Hesselberger,* FS für

Begründung verweigert werden, daß von einer Anhörung keine weitere Klärung mehr zu erwarten sei.[139]

Weiterhin ergibt sich aus dieser Herleitung des Anspruchs auf Gewährung rechtlichen Gehörs, daß es einen unantastbaren Kernbereich gibt, hinsichtlich dessen weder eine Schutzbereichsreduzierung noch eine verfassungsrechtliche Rechtfertigung eines Eingriffs in Betracht kommt.

bb) Art. 103 Abs. 1 GG schützt zum einen die formell am Zivilprozeß Beteiligten[140] und zum anderen diejenigen, die unmittelbar materiell von der Entscheidung betroffen sind. In materieller Hinsicht kommt es darauf an, ob eigene Rechte unmittelbar betroffen sind. Bloß ideelle oder materielle Interessen am Ausgang eines Rechtsstreits, an einer Entscheidung genügen dagegen nicht.[141] Anwälten und Rechtsbeiständen steht daher grundsätzlich kein eigener Anspruch auf Gewährung rechtlichen Gehörs zu, sie üben lediglich die Rechte ihrer Mandanten aus. Eine Ausnahme gilt z. B., soweit es um ihre Beiordnung geht.[142]

Art. 103 Abs. 1 GG gilt in sämtlichen Verfahren und Verfahrensarten,[143] und zwar unabhängig von der Geltung der Verhandlungs- oder der Untersuchungsmaxime.[144]

K. H. Schwab, S. 349; MünchKomm-ZPO/*Lüke*, 2. Aufl., Einl. Rn. 113; Stein/Jonas/*Schumann*, ZPO, 20. Aufl., Einl. Rn. 504; *Waldner*, Aktuelle Probleme des rechtlichen Gehörs im Zivilprozeß, S. 1ff., 13ff., 23f., 154.; a. A. *Schwartz*, Gewährung und Gewährleistung rechtlichen Gehörs durch einzelne Vorschriften der Zivilprozeßordnung, S. 10, 11, 12f., 17.

139 Vgl. *Rensen*, Die richterliche Hinweispflicht, S. 82; *Waldner*, Aktuelle Probleme des rechtlichen Gehörs im Zivilprozeß, S. 15.

140 Vgl. Maunz/Dürig/*Schmidt-Aßmann*, GG, Art. 103 Rn. 34; MünchKomm-ZPO/*Lüke*, 2. Aufl., Einl. Rn. 115.

141 Vgl. Maunz/Dürig/*Schmidt-Aßmann*, GG, Art. 103 Rn. 38ff.; *Schumann*, ZZP 96 (1983), S. 137, 157; *Waldner*, Aktuelle Probleme des rechtlichen Gehörs im Zivilprozeß, S. 213ff.

142 So *Rensen*, Die richterliche Hinweispflicht, S. 84.

143 Vgl. Maunz/Dürig/*Schmidt-Aßmann*, GG, Art. 103 Rn. 57; MünchKomm-ZPO/*Lüke*, 2. Aufl., Einl. Rn. 118; *Schmidt-Bleibtreu*/Klein, GG, 9. Aufl., Art. 103 Rn. 2; *Waldner*, Aktuelle Probleme des rechtlichen Gehörs im Zivilprozeß, S. 164ff., 194ff.

144 Vgl. MünchKomm-ZPO/*Lüke*, 2. Aufl., Einl. Rn. 118; *Rensen*, Die richterliche

In sachlicher Hinsicht gewährleistet Art. 103 Abs. 1 GG ganz allgemein, daß die unmittelbar von einer Entscheidung Betroffenen Gelegenheit erhalten, in tatsächlicher und rechtlicher Hinsicht zu den entscheidungserheblichen Gesichtspunkten Stellung zu nehmen und so die Entscheidung zu beeinflussen.[145] Man kann das als Verwertungsverbot so formulieren, daß einer in die Rechte von Betroffenen eingreifenden Entscheidung nur solche Tatsachen und Rechtsauffassungen zugrunde gelegt werden dürfen, zu denen Stellung zu nehmen die Betroffenen zuvor Gelegenheit hatten.[146]

Hervorzuheben ist zum einen, daß Art. 103 Abs. 1 GG das rechtliche Gehör nicht nur zu Tatsachen, sondern in gleicher Weise zu Rechtsfragen gewährleistet.[147] Zum anderen zerfällt der sachliche Schutzbereich des Art. 103 Abs. 1 GG in drei Bestandteile: Informationspflicht, Äußerungsrecht und Beachtenspflicht.[148]

Zunächst hat das Gericht die Beteiligten über die Einleitung, den Hauptinhalt und den aktuellen Stand des betreffenden Verfahrens zu informieren. Das Gericht hat dafür zu sorgen, daß das Verfahren nicht in ein dem Beteiligten nachteiliges Stadium tritt, bevor er von

Hinweispflicht, S. 84; *Waldner,* Aktuelle Probleme des rechtlichen Gehörs im Zivilprozeß, S. 166 f.

145 Vgl. BVerfGE 60, S. 175, 210; *Benda/Weber,* ZZP 96 (1983), S. 285, 300; Maunz/Dürig/*Schmidt-Aßmann,* GG, Art. 103 Rn. 67; MünchKomm-ZPO/*Lüke,* 2. Aufl., Einl. Rn. 112; Stein/Jonas/*Schumann,* ZPO, 20. Aufl., Einl. Rn. 504.

146 Vgl. BVerfGE 6, S. 12, 14; 12, S. 110, 113; 57, S. 250, 274; Maunz/Dürig/*Schmidt-Aßmann,* GG, Art. 103 Rn. 67, 139; MünchKomm-ZPO/*Lüke,* 2. Aufl., Einl. Rn. 112; *Rensen,* Die richterliche Hinweispflicht, S. 83; *Schmidt-Bleibtreu*/Klein, GG, 9. Aufl., Art. 103 Rn. 3; *Schwartz,* Gewährung und Gewährleistung rechtlichen Gehörs durch einzelne Vorschriften der Zivilprozeßordnung, S. 19f. Kritisch dazu *Waldner,* Aktuelle Probleme des rechtlichen Gehörs im Zivilprozeß, S. 59ff.

147 Vgl. Maunz/Dürig/*Schmidt-Aßmann,* GG, 9. Aufl., Art. 103 Rn. 66; MünchKomm-ZPO/*Lüke,* 2. Aufl., Einl. Rn. 120; *Rensen,* Die richterliche Hinweispflicht, S. 85; Stein/Jonas/*Schumann,* ZPO, 20. Aufl., Einl. Rn. 504; *Schwartz,* Gewährung und Gewährleistung rechtlichen Gehörs durch einzelne Vorschriften der Zivilprozeßordnung, S. 18f.; *Waldner,* Aktuelle Probleme des rechtlichen Gehörs im Zivilprozeß, S. 64ff. und 209.

148 Vgl. BVerfGE 60, S. 1, 5; 67, S. 39, 41; 69, S. 145, 148 (zum Äußerungsrecht sowie zur korrespondierenden Beachtenspflicht); Maunz/Dürig/*Schmidt-Aßmann,* GG, Art. 103 Rn. 69; vgl. auch *Rensen,* Die richterliche Hinweispflicht, S. 85ff.

dem Verfahren als solchem und von dessen Stand Kenntnis erlangt hat.[149] Das Gericht genügt seiner Informationspflicht z. B. durch Zuleitung bzw. Zustellung gegnerischer Schriftsätze und Terminsmitteilungen.

Die Information der Beteiligten dient der Sicherung ihres Äußerungsrechts. In diesem Rahmen sind die Beteiligten nicht mehr nur passive Empfänger von Informationen, vielmehr steht es ihnen frei, durch schriftsätzliche oder mündliche Stellungnahmen den Gang des Verfahrens und dessen Ergebnis aktiv zu beeinflussen.[150] Es besteht allerdings umgekehrt keine Äußerungspflicht der Beteiligten.[151] Art. 103 Abs. 1 GG verpflichtet die Gerichte dementsprechend nur, den Beteiligten die Gelegenheit zur Stellungnahme zu geben. Den Parteien selbst obliegt es sodann, von der ihnen gewährten Gelegenheit Gebrauch zu machen und sich hierzu sach- und rechtskundig zu machen. Den Anforderungen des Art. 103 Abs. 1 GG ist daher grundsätzlich auch dann entsprochen, wenn die betroffene Partei aufgrund eines Rechtsirrtums keinen sachgerechten Gebrauch von der Möglichkeit zur Stellungnahme macht. Art. 103 Abs. 1 GG entbindet insofern die Parteien nicht von der Beachtung der im Prozeß gebotenen Sorgfalt und schützt nicht gegen schlichten Rechtsirrtum. Anders ist es nur, wenn der Irrtum der betroffenen Partei dem Gericht zurechenbar ist, z. B. wegen eines in eine andere Richtung weisenden Beweisbeschlusses. Denn hier ist der Betroffene überhöhten Anforderungen ausgesetzt, die ihm eine Stellungnahme verwehren. Art. 103 Abs. 1 GG schützt also insofern nur gegen Anforderungen, die selbst von kundigen und gewissenhaften Parteien verfehlt werden könnten,[152] gewähr-

[149] Vgl. Maunz/Dürig/*Schmidt-Aßmann,* GG, Art. 103 Rn. 70; *Waldner*, Aktuelle Probleme des rechtlichen Gehörs im Zivilprozeß, S. 49; vgl. auch *Rensen,* Die richterliche Hinweispflicht, S. 86ff.

[150] Vgl. Maunz/Dürig/*Schmidt-Aßmann,* GG, Art. 103 Rn. 80; *Waldner,* Aktuelle Probleme des rechtlichen Gehörs im Zivilprozeß, S. 59ff.; vgl. auch *Rensen,* Die richterliche Hinweispflicht, S. 88ff.

[151] So *Rensen,* Die richterliche Hinweispflicht, S. 89.

[152] Vgl. BVerfG NJW-RR 1996, S. 205; 1994, S. 188, 189; Maunz/Dürig/*Schmidt-Aßmann,* GG, Art. 103 Rn. 140f.; Musielak/*Foerste,* ZPO, 2. Aufl., § 278 Rn. 3; *Rensen,* Die richterliche Hinweispflicht, S. 87, 89f. und 298ff.; *Waldner,* Aktuelle Probleme des rechtlichen Gehörs im Zivilprozeß, S. 127ff.
Das sieht auch Rosenberg/Schwab/*Gottwald* § 61 Rn. 42, obwohl es von seinem Standpunkt aus darauf nicht ankommt.

leistet aber weder ein Pflicht zum Rechtsgespräch[153] noch eine allgemeine Hinweispflicht.[154]

Ferner ergibt sich aus Art. 103 Abs. 1 GG die das Gericht treffende Pflicht, das erhebliche Vorbringen der Beteiligten zur Kenntnis zu nehmen und bei den zu treffenden Entscheidung in Erwägung zu ziehen.[155] Auch dies steht in engem Zusammenhang mit dem Äußerungsrecht: Eine Äußerung macht keinen Sinn und vermag das Verfahren nicht zu beeinflussen, wenn sie seitens des Gerichts nicht zur Kenntnis genommen und erwogen wird.

Schließlich hat das Bundesverfassungsgericht aus Art. 103 Abs. 1 GG in Verbindung mit Art. 19 Abs. 4 GG bzw. dem Justizgewährungsanspruch eine Verpflichtung des Gesetzgebers hergeleitet, die (Selbst-) Korrektur solcher Entscheidungen zu ermöglichen, die unter Verletzung des Art. 103 Abs. 1 GG zustande gekommen sind. Dabei komme dem Gesetzgeber ein weiter Spielraum zu. Es stehe ihm frei, die notwendige Korrekturmöglichkeit ihm Rahmen des Rechtsmittelzuges oder durch außerordentliche Rechtsbehelfe, wie z.B. gemäß § 321a ZPO, zu gewährleisten.[156] Das Bundesverfassungsgericht hat mit dieser Entscheidung das traditionelle Dogma, daß die Verfassung keinen Rechtsschutz gegen richterliche Entscheidungen gewährleiste, aufgegeben.[157] Einige Stimmen in der Literatur hatten dies schon seit län-

153 Vgl. BVerfGE 31, S. 364, 370; 54, S. 100, 117; Maunz/Dürig/*Schmidt-Aßmann* Art. 103 Rn. 78; *Schwartz,* S. 57ff. und 87f.; *Waldner,* S. 119ff.; *Rensen,* Die richterliche Hinweispflicht, S. 248. Allgemein zum Rechtsgespräch: *Laumen,* Das Rechtsgespräch im Zivilprozeß, passim.

154 H.M. BVerfGE42, S. 64, 85 (abw. M. *Geiger*); NJW 1980, S. 1093; BGHZ 85, S. 288, 291f.; *Koch,* S. 83 (in Zusammenhang mit § 139 Abs. 2 ZPO n.F.); MünchKomm-ZPO/*Peters,* 2. Aufl., § 139 Rn. 55f.; MünchKomm-ZPO/*Prütting,* 2. Aufl., § 278 Rn. 54; Musielak/*Stadler,* 2. Aufl., § 139 Rn. 4; Musielak/*Foerste,* 2. Aufl., § 278 Rn. 8; Stein/Jonas/*Leipold,* 21. Aufl., § 139 Rn. 37 und § 278 Rn. 66. Zur genauen Abgrenzung *Rensen,* Die richterliche Hinweispflicht, S. 297ff.

155 Vgl. Maunz/Dürig/*Schmidt-Aßmann,* GG, Art. 103 Rn. 94ff; *Schwartz,* Gewährung und Gewährleistung rechtlichen Gehörs durch einzelne Vorschriften der Zivilprozeßordnung, S. 19 f.; dazu auch *Rensen,* Die richterliche Hinweispflicht, S. 96.

156 So BVerfG NJW 2003, S. 1924ff.

157 Vgl. *Voßkuhle,* NJW 2003, S. 2193ff.

gerem gefordert, und dementsprechend wird die Entscheidung teilweise begrüßt.[158] Diese Bewertung kann allerdings aus Sicht der Zivilgerichte nicht in vollem Umfang geteilt werden: Hier wurde das mit der formellen Rechtskraft zwangsläufig verbundene Problem der Unanfechtbarkeit auch fehlerhafter Entscheidungen derart einseitig zu Lasten der Rechtssicherheit und der Fachgerichtsbarkeit gelöst, daß man sich des Eindrucks kaum erwehren kann, das Bundesverfassungsgericht trachte mit dieser Entscheidung vor allem die eigene Arbeitsbelastung zu reduzieren. So bedenkenlos das Bundesverfassungsgericht zuvor insbesondere im Rahmen der Rechtsprechung zum Willkürverbot gemäß Art. 3 Abs. 1 GG die eigenen Kompetenzen zu Lasten der Fachgerichtsbarkeit erweitert hat, entzieht man sich jetzt den unvermeidlichen Konsequenzen der ausgeuferten eigenen Rechtsprechung und versucht diese auf die Fachgerichtsbarkeit abzuwälzen. Statt die Rechtsprechung zu den Verfahrensgrundrechten inhaltlich zu überdenken, eröffnet das Bundesverfassungsgericht zu Lasten der Fachgerichte eine Einbruchstelle für eine Unmenge querulatorischer Eingaben. Daß die entsprechenden Befürchtungen der Fachgerichte keineswegs unbegründet sind, ergibt sich bereits aus der Vielzahl der in Karlsruhe anhängigen, offensichtlich aussichtslosen Urteilsverfassungsbeschwerden, die den Gesetzgeber – bereits auf Druck des Bundesverfassungsgerichts hin – zur Schaffung des § 321a ZPO veranlaßt haben. Darüber hinaus hat das Bundesverfassungsgericht nicht ausreichend berücksichtigt, daß nicht allein dem Anspruch auf Gewährung rechtlichen Gehörs Verfassungsrang zukommt, sondern ebenfalls dem Institut der Rechtskraft. Denn dieses ist als notwendiger Bestandteil effektiven Rechtsschutzes jedenfalls vom Justizgewährungsanspruch geschützt. Eine derart einseitige Lösung, wie sie das Bundesverfassungsgericht in der genannten Entscheidung vertreten hat, verbietet sich mit Rücksicht hierauf. Es hätte nach den sonst üblichen Gepflogenheiten des Bundesverfassungsgerichts vielmehr einer sorgfältigen Abwägung im Sinne praktischer Konkordanz mit dem Ziel bedurft, die beiderseits unvermeidlichen Einschränkungen auf das unbedingt notwendige Mindestmaß zu begrenzen.

[158] Vgl. *Voßkuhle,* NJW 2003, S. 2193 (Fn. 6) und 2200.

cc) Die allgemein anerkannten Ausnahmen von der grundsätzlich vor der Entscheidung gebotenen Gewährung rechtlichen Gehörs,[159] z. B. beim einstweiligen Rechtsschutz, werden entweder über Schranken gerechtfertigt oder im Wege der Reduzierung bereits des Schutzbereichs dem Art. 103 Abs. 1 GG von vornherein entzogen.[160]

Zu berücksichtigen ist hinsichtlich der anerkannten Ausnahme des einstweiligen Rechtsschutzes unabhängig von der gewählten dogmatischen Konstruktion aber, daß Art. 103 Abs. 1 GG insoweit zum einen verlangt, das gebotene rechtliche Gehör nachträglich zu gewähren, und zum anderen nur vorläufige und sichernde Regelungen zuläßt[161] – eine Vorwegnahme der Hauptsache kommt danach grundsätzlich nicht in Betracht.

dd) Der Anspruch auf Gewährung rechtlichen Gehörs kann z. B. dadurch verletzt werden, daß ein rechtzeitig eingegangener Schriftsatz unberücksichtigt bleibt,[162] und zwar gleichgültig, ob das auf einem Versehen der Geschäftsstelle oder des Gerichts selbst beruht.[163]

Auch die Nichtberücksichtigung von Sach- oder Beweisanträgen sowie erheblichen Sachvortrages verstößt gegen Art. 103 Abs. 1 GG.[164]

Ferner liegt ein Verstoß gegen den Anspruch auf Gewährung rechtlichen Gehörs vor, soweit das Gericht umgekehrt Sachvortrag, Beweise oder anderes verwertet, ohne dazu zuvor Gehör gewährt zu haben.[165]

[159] Vgl. Maunz/Dürig/*Schmidt-Aßmann,* GG, Art. 103 Rn. 91ff.; *Rensen,* Die richterliche Hinweispflicht, S. 93f.; *Waldner,* Aktuelle Probleme des rechtlichen Gehörs im Zivilprozeß, S. 81ff.

[160] Vgl. Maunz/Dürig/*Schmidt-Aßmann,* GG, Art. 103 Rn. 14, 93; *Rensen,* Die richterliche Hinweispflicht, S. 94, 96ff.; *Schwartz,* Gewährung und Gewährleistung rechtlichen Gehörs durch einzelne Vorschriften der Zivilprozeßordnung, S. 15f.; *Waldner,* Aktuelle Probleme des rechtlichen Gehörs im Zivilprozeß, S. 206ff.

[161] Vgl. Maunz/Dürig/*Schmidt-Aßmann,* GG, Art. 103 Rn. 93; *Rensen,* Die richterliche Hinweispflicht, S. 96; *Waldner,* Aktuelle Probleme des rechtlichen Gehörs im Zivilprozeß, S. 201ff.

[162] Vgl. BVerfGE 11, S. 218ff; 23, S. 286ff.; 34, S. 344ff.; 46, S. 185ff.; 48, S. 394ff.; 53, S. 219ff.; 60, S. 96ff. und 120ff.

[163] Rosenberg/Schwab/*Gottwald* § 61 Rn. 39f.

[164] Vgl. BVerfGE 28, S. 378ff.; 46, S. 315ff.; 50, S. 32ff.; 54, S. 43ff. und 86ff.; 58, S. 353ff.; 60, S. 247ff. und 305ff.

[165] Vgl. BVerfGE 16, S. 283ff.; 20, S. 347ff.; 29, S. 345ff.; 46, S. 72ff.; 48, S. 206ff.; 50, S. 280ff.; 55, S. 95ff.

Im Falle eines Rechtsmittelverfahrens oder eines Wiedereinsetzungsverfahrens ist dem jeweiligen Gegner vor einer ihm nachteiligen Entscheidung Gehör zu gewähren.[166]

Denkbar ist aber auch eine gegen Art. 103 Abs. 1 GG verstoßende, fehlerhafte Anwendung einfachen Verfahrensrechts, z. B. der §§ 91a Abs. 2 S. 2, 222 Abs. 2 ZPO.[167] Im Hinblick auf Art. 103 Abs. 1 GG ist auch die Anwendung der §§ 139, 156, 227, 283, 296 ZPO besonders sensibel, denn eine fehlerhafte Handhabung dieser Vorschriften schränkt in der Regel die Möglichkeiten der betroffenen Partei ein, durch weiteres tatsächliches oder rechtliches Vorbringen Einfluß zu nehmen.

Allerdings begründet deshalb trotzdem nicht jeder Verstoß gegen einfachgesetzliches Verfahrensrecht zugleich einen Verfassungsverstoß. Vielmehr kommt es darauf an, ob das Gericht die betreffende Norm so angewendet hat, daß es zu überhöhten Anforderungen an die betroffene Partei gekommen ist und auf diese Art und Weise der Partei die Möglichkeit genommen wurde, den Verfahrensgang und den Ausgang des Verfahrens in tatsächlicher und rechtlicher Hinsicht zu beeinflussen. Daran fehlt es – ungeachtet des gerichtlichen Verstoßes gegen einfachgesetzliches Verfahrensrecht –, wenn die mangelnde Stellungnahme auf eigenem Verschulden der betroffenen Partei bzw. ihres Prozeßbevollmächtigten beruht, wenn also von einer an sich bestehenden Gelegenheit zur Stellungnahme kein Gebrauch gemacht wurde. Insofern bedarf es strikter Unterscheidung zwischen fehlerhafter Anwendung einfachen Verfahrensrechts und der Verletzung des Art. 103 Abs. 1 GG, woran es der den Zivilprozeß betreffenden Rechtsprechung des Bundesverfassungsgerichts teilweise mangelt.[168]

[166] Vgl. BVerfGE 24, S. 23ff. und 56ff.; 30, S. 406ff.; 34, S. 157ff.; 53, S. 109ff.

[167] Vgl. BVerfGE 17, S. 265ff.; 18, S. 380ff. Rosenberg/Schwab/*Gottwald* § 61 Rn. 39 hält das für ausreichend.

[168] *Schumann*, ZZP 96 (1983), S. 137, 156, wirft dem Bundesverfassungsgericht insoweit zu Recht vor, es habe den Prüfungsmaßstab des Art. 103 Abs. 1 GG derart ausgedehnt, daß sich die Grenze zwischen einfachem Gesetzesrecht und Verfassungsrecht nur noch schwer oder überhaupt nicht mehr feststellen lasse.
Diesen Vorwurf muß sich insbes. auch Rosenberg/Schwab/*Gottwald* § 61 Rn. 39f. und 42 gefallen lassen, weil er Aspekte des Art. 103 Abs. 1 GG nicht hinreichend von solchen z. B. des § 139 ZPO trennt.

ee) Die von *Vollkommer* zu § 321a ZPO gebildeten Fallgruppen[169] führen übrigens gerade diesbezüglich nicht weiter, und zwar schon deshalb weil er von einem weiteren Begriff des rechtlichen Gehörs ausgeht und hierbei nicht zwischen Verletzungen einfachgesetzlichen Verfahrensrechts und solchen des Verfassungsrechts unterscheidet.[170]

ff) Hinsichtlich der Präklusion besteht ein spezielles Problem: Während nämlich die ganz herrschende Meinung in Rechtsprechung und Literatur davon ausgeht, daß Art. 103 Abs. 1 GG diese nicht als solche verbietet, sondern (in Verbindung mit dem Anspruch auf ein faires Verfahren) einer Präklusion nur soweit entgegensteht, wie das Unterlassen eines gebotenen Hinweises seitens des Gerichts mitursächlich für die Verfahrensverzögerung war,[171] wird diese Einschränkung vereinzelt in Zweifel gezogen: Die Notwendigkeit, das Vertrauen der Parteien auf einen ordnungsgemäßen Verfahrensablauf zu schützen, verliere an Gewicht, soweit gleichwohl Verschulden der Partei feststellbar sei. Ebensowenig habe der Gesetzgeber die Präklusion unter den Vorbehalt ausreichender richterlicher Fürsorge gestellt.[172]

Vorab ist anzumerken, daß das Problem nur in solchen Fällen relevant wird, in denen das Gericht zuvor ausschließlich die ihm kraft einfachen Gesetzes, z. B. gemäß § 139 ZPO, obliegende Fürsorgepflicht verletzt hat, nicht dagegen, wenn die unterbliebene Fürsorge von Verfassungs wegen geboten war. Soweit z. B. ein Hinweis unter-

[169] *Vollkommer,* FS für Schumann, S. 507, 520ff., und Zöller/*Vollkommer,* ZPO, 23. Aufl., § 321a Rn. 6ff., unterscheidet zwischen „Pannenfällen“, Präklusionsfällen, Hinweisfällen und Unrichtigkeitsfällen.

[170] *Vollkommer,* FS für Schumann, S. 507, 516f., 518, 519f. Vgl. auch Rosenberg/Schwab/*Gottwald* § 61 Rn. 39ff.

[171] Vgl. BVerfGE 36, S. 92, 98; 51, S. 188ff.; 55, S. 72ff.; 59, S. 330ff.; 60, S. 1ff.; NJW 1987, S. 2003f.; Baumbach/Lauterbach/Albers/*Hartmann,* ZPO, 61. Aufl., § 296 Rn. 16ff.; Maunz/Dürig/*Schmidt-Aßmann,* GG, Art. 103 Rn. 128ff., 137; BGHZ 75, S. 138, 142f.; 76, S. 173, 178; MünchKomm-ZPO/*Prütting,* 2. Aufl., § 296 Rn. 118; *Stürner,* Die richterliche Aufklärung im Zivilprozeß, Rn. 33ff.; *Waldner,* Der Anspruch auf rechtliches Gehör, Rn. 270; Zöller/*Greger,* ZPO, 24. Aufl., § 296 Rn. 3; dazu auch *Rensen,* Die richterliche Hinweispflicht, S. 93 (unter Hinweis auf BT-Drucks. 7/5250, S. 5) und 302f.

[172] So *Foerste,* ZZP 115 (2002), S. 536, 538 und Fn. 6.

blieben ist, zu dem das betreffende Gericht gemäß Art. 103 Abs. 1 GG verpflichtet war,[173] kann nicht nur nicht präkludiert werden, sondern es ist darüber hinaus die Gewährung rechtlichen Gehörs nachzuholen, z. B. durch nachträglichen Hinweis und Gewährung eines Schriftsatznachlasses oder Vertagung. Im übrigen ist ein Verschulden der Partei nur schwer vorstellbar, wenn das Gericht zuvor überhöhte Anforderungen an diese gestellt und dadurch Art. 103 Abs. 1 GG verletzt hat. Die Frage, ob eine Mitursächlichkeit einer Verletzung der dem Gericht obliegenden Fürsorgepflicht für eine Verfahrensverzögerung der Anwendung der Präklusionsbestimmungen entgegensteht, stellt sich daher sinnvoll nur, soweit es um Außerachtlassung ausschließlich einfachgesetzlich gebotener richterlicher Fürsorge geht.

Insoweit sind der These, der Gesetzgeber habe die Präklusion nicht unter den Vorbehalt ausreichender richterlicher Fürsorge stellen wollen, zunächst die betreffenden Motive der Vereinfachungsnovelle von 1976 entgegenzuhalten. Daraus ergibt sich nämlich, daß der Gesetzgeber die Verschärfung des Präklusionsrechts nur im Hinblick auf die gleichzeitige Ausweitung der Fürsorgepflicht der Gerichte für gerechtfertigt hielt.[174] Im Rahmen der Vereinfachungsnovelle bildet somit die verstärkte richterliche Fürsorge das Gegengewicht zu Verschärfung der Präklusion.[175] Für den Einzelfall bedeutet das, daß eine Präklusion als Sanktion für eine Verletzung der Prozeßförderungspflicht durch eine Partei nach den Vorstellungen des Gesetzgebers der Vereinfachungsnovelle nur dann gerechtfertigt ist, wenn das Gericht zuvor seiner Fürsorgepflicht genügt hat.[176]

Hieraus folgt allerdings lediglich, daß Alleinursächlichkeit einer Verletzung der Prozeßförderungspflicht der betroffenen Partei für die Verzögerung einfachgesetzliche Voraussetzung der Präklusion ist. Erst die Hinzuziehung des Anspruchs auf ein faires Verfahren führt zur verfassungsrechtlichen Gewährleistung dieser einschränkenden

[173] Hierzu *Rensen,* Die richterliche Hinweispflicht, S. 86f., 89 (zur Gewährleistung der Hinweispflicht durch Art. 103 Abs. 1 GG), 297ff. (zum Verhältnis des Art. 103 Abs. 1 GG zu den §§ 139, 278 Abs. 3 ZPO a. F.).

[174] Vgl. BT-Drucks. 7/5250, S. 5.

[175] Vgl. BVerfG NJW 1987, S. 2003, 2004.

[176] Vgl. *Rensen,* Die richterliche Hinweispflicht, S. 93 und 302f.

Auslegung des Präklusionsrechts. Denn danach ist das Vertrauen der Parteien auf einen ordnungsgemäßen Verfahrensverlauf geschützt. Eine Verzögerung des Verfahrens, zu der auch das Gericht beigetragen hat, kann danach eine Sanktionierung des parteilichen Fehlverhaltens nicht rechtfertigen.[177] In der hier maßgeblichen verfassungsrechtlichen Hinsicht kommt hinzu, daß Art. 103 Abs. 1 GG einer Auslegung des Präklusionsrechts entgegensteht, die nicht lediglich der Förderung materiell richtiger Entscheidungen dient, sondern bloßer Sanktionierung prozessualen Fehlverhaltens.[178] Eine Präklusion aufgrund einer Verzögerung, für die auch das Gericht durch Vernachlässigung seiner prozessualen Fürsorgepflicht Verantwortung trägt, kommt aber einer Sanktionierung wegen prozessualen Fehlverhaltens ohne Rücksicht auf den die allein gebotene Förderung einer materiell richtigen Entscheidung gleich.

Die in der Praxis vielfach beklagte faktische Bedeutungslosigkeit der Präklusionsbestimmungen ist schließlich keineswegs zwangsläufige Folge der hier vertretenen einschränkenden Auslegung. Vielmehr kommt es darauf an, inwiefern die Gerichte – übrigens im Sinne der oben dargelegten Vorstellungen des Gesetzgebers von einem Gleichgewicht zwischen gerichtlichen Fürsorgepflichten und sanktionierten Prozeßförderungspflichten der Parteien – vor einer Präklusion die ihnen obliegenden Fürsorgepflichten und hier insbesondere die Hinweispflicht erfüllt haben.

b) Die Verletzung der richterlichen Hinweispflicht, § 139 ZPO

Der Umfang des Gegenstandes der Gehörsrüge hängt von der Auslegung des Tatbestandsmerkmals „Anspruch auf rechtliches Gehör" in § 321a Abs. 1 Nr. 2 ZPO ab. Fraglich ist, ob man darunter lediglich das entsprechend Verfahrensgrundrecht versteht oder eine weitere, auch den § 139 ZPO erfassende Auslegung wählt. Bevor man allerdings zur Beantwortung dieser Frage – wie *Vollkommer* – auf Abgrenzungsprobleme als Argument zurückgreifen kann, sind Wortlaut, Systematik, Entstehungsgeschichte und Zweck des § 321a ZPO heranzuziehen.

[177] Vgl. *Rensen,* Die richterliche Hinweispflicht, S. 93 und 302f.
[178] So Zöller/*Greger,* ZPO, 24. Aufl., § 296 Rn. 3.

Der Wortlaut des § 321a Abs. 1 Nr. 2 und Abs. 2 Nr. 2 ZPO scheint zunächst dafür zu sprechen, daß lediglich eine Verletzung des Art. 103 Abs. 1 GG gerügt werden kann. Denn die Terminologie des § 321a ZPO entspricht insoweit genau derjenigen des Art. 103 Abs. 1 GG. *Vollkommer* geht jedoch in diesem Zusammenhang von einem weiterreichenden zivilprozeßrechtlichen Begriff des rechtlichen Gehörs aus, der z. B. in § 139 ZPO verankert sei.[179] Demnach wäre der Wortlaut kein eindeutiges Auslegungskriterium, weil nicht klar ist, ob § 321a Abs. 1 Nr. 2 ZPO auf den engeren verfassungsrechtlichen oder den gleichlautenden, aber weitergehenden zivilprozeßrechtlichen Begriff des rechtlichen Gehörs Bezug nimmt. Es ist jedoch durchaus zweifelhaft, ob der Gesetzgeber bei der Schaffung des § 321a ZPO einen über Art. 103 Abs. 1 GG hinausgehenden zivilprozessualen Begriff des rechtlichen Gehörs im Sinn hatte. Denn in der Einzelbegründung heißt es insoweit: „Diese neue Bestimmung eröffnet dem erstinstanzlichen Gericht im Falle der gerügten Verletzung des Anspruchs auf rechtliches Gehör (Artikel 103 Abs. 1 GG) ...“[180] Weiter heißt es, daß die Norm zu einer Entlastung des Bundesverfassungsgerichts führen werde.[181] Aus beidem ergibt sich, daß keineswegs an eine Rüge einfacher Verfahrensfehler gedacht war, sondern an die – bisher nur durch das Bundesverfassungsgericht zu korrigierende – Verletzung des Anspruchs auf rechtliches Gehör gemäß Art. 103 Abs. 1 GG. Im übrigen zeigt § 156 Abs. 2 Nr. 1 ZPO, daß der Gesetzgeber sehr wohl zwischen der richterlichen Hinweispflicht und dem Anspruch auf Gewährung rechtlichen Gehörs zu unterscheiden vermochte.

Die Systematik der Norm, also der Zusammenhang mit den §§ 319ff. ZPO, gibt für die hier zu beantwortende Frage nichts her. Sie trägt lediglich der Tatsache Rechnung, daß die Gehörsrüge nicht als Rechtsmittel, sondern als Möglichkeit der gerichtlichen Selbstkorrektur konzipiert ist.

Von Interesse ist hingegen die oben dargestellte Entstehungsgeschichte der Norm, die auch in der bereits zitierten Einzelbegründung des

[179] So *Vollkommer,* FS für Schumann, S. 507, 516f., 518, 519f.

[180] BT-Drucks. 14/4722, S. 85; abgedruckt bei *Hannich/Meyer-Seitz/Engers,* Die ZPO-Reform, S. 273.

[181] BT-Drucks. 14/4722, S. 85; abgedruckt bei *Hannich/Meyer-Seitz/Engers,* Die ZPO-Reform, S. 273.

Regierungsentwurfs Erwähnung gefunden hat. Dort findet sich nämlich der Hinweis, daß die Einführung des § 321a ZPO einem in Wissenschaft und Praxis geäußerten Wunsch nach einer instanzinternen Kontrolle unanfechtbarer Urteile entspreche, die auf einer Verletzung eines Verfahrensgrundrechts beruhten.[182] Der Grund für diesen Wunsch lag insbesondere in der drohenden Überlastung des Bundesverfassungsgerichts durch Gehörsrügen bei unanfechtbaren Urteilen, also durch die sogenannte „Pannenhilfe in Bagatellfällen".[183] Da aber im Rahmen einer Verfassungsbeschwerde nur eine Verletzung des Verfassungsrechts gerügt werden kann, nicht dagegen eine Verletzung der aus § 139 ZPO folgenden richterlichen Hinweispflicht, bedurfte es nur der Schaffung einer instanzinternen Kontrolle für die Fälle von Verfassungsverstößen.

Für dieses Verständnis des § 321a ZPO spricht auch der Normzweck, jedenfalls wenn man den bereits zitierten Ausführungen in der Einzelbegründung des Regierungsentwurfs Beachtung schenkt: § 321a ZPO dient zum einen der Selbstkorrektur bei Verletzung des Art. 103 Abs. 1 GG und bezweckt zum anderen eine Entlastung des Bundesverfassungsgerichts von Verfassungsbeschwerden wegen der Verletzung des Anspruchs auf Gewährung rechtlichen Gehörs gemäß Art. 103 Abs. 1 GG gegen ansonsten unanfechtbare Urteile.[184]

Wortlaut, Entstehungsgeschichte und der Zweck des § 321a ZPO sprechen somit gegen die These *Vollkommers* und für eine Beschränkung des Gegenstandes der Gehörsrüge auf Verletzungen des Art. 103 Abs. 1 GG, jedenfalls aber des Verfassungsrechts.

Aber auch die von *Vollkommer* angesprochenen Abgrenzungsprobleme zwischen einer Verletzung des verfassungsrechtlich durch Art. 103

[182] BT-Drucks. 14/4722, S. 85; abgedruckt bei *Hannich/Meyer-Seitz/Engers,* Die ZPO-Reform, S. 273.

[183] Vgl. Bericht der Kommission „Entlastung des Bundesverfassungsgerichts", 1998, S. 71, 73ff.; *Gottwald,* Gutachten zum 61. DJT., Verhandlungen Bd. I, S. A 27ff.; *Niemann/Herr,* ZRP 2000, S. 278ff., 281f. Zu den Fällen der verfassungsgerichtlichen „Pannenhilfe" *Schumann*, ZZP 96 (1983), S. 137ff.

[184] Vgl. BT-Drucks. 14/4722, S. 85; abgedruckt bei *Hannich/Meyer-Seitz/Engers,* Die ZPO-Reform, S. 273.

Abs. 1 GG gewährleisteten Anspruchs auf rechtliches Gehör und einer Verletzung der in § 139 ZPO verankerten richterlichen Hinweispflicht zwingen nicht zu der von ihm vertretenen erweiternden Auslegung. Mag auch in der einschlägigen Literatur der Hinweis zu finden sein, daß das Verhältnis des § 139 ZPO zu Art. 103 Abs. 1 GG bisher noch nicht geklärt sei,[185] so läßt sich doch der Rechtsprechung des Bundesverfassungsgerichts die eine brauchbare Abgrenzungsformel entnehmen: Art. 103 Abs. 1 GG schützt die Parteien nur davor, mit Anforderungen konfrontiert zu werden, denen selbst eine kundige und gewissenhafte Partei nicht gewachsen wäre, erübrigt dagegen nicht die Beachtung der im Prozeß erforderlichen Sorgfalt.[186] Hierüber geht § 139 ZPO, dient auch insbesondere § 139 Abs. 2 ZPO wie bisher § 278 Abs. 3 ZPO a. F. dem Schutz des rechtlichen Gehörs,[187] deutlich hinaus. Für die richterliche Hinweispflicht kommt es nämlich nicht darauf an, ob die Partei bzw. ihr Prozeßbevollmächtigter die Lücke im Tatsachenvortrag, den fehlenden Beweisantritt oder einen bestimmten tatsächlichen oder rechtlichen Gesichtspunkt selbst hätte sehen müssen. Die Beachtung der im Prozeß erforderlichen Sorgfalt durch die betroffene Partei bzw. ihren Prozeßbevollmächtigten (§ 85 Abs. 2 ZPO) ist für die Hinweispflicht gemäß § 139 ZPO nach zutreffender Ansicht ohne Belang. Dagegen scheidet eine Verletzung des Art. 103 Abs. 1 GG aus, wenn die Partei bzw. ihr Prozeßbevollmächtigter den betreffenden Gesichtspunkt schuldhaft übersehen haben.[188]

Inwiefern hiernach überhaupt noch von Abgrenzungsproblemen die Rede sein kann, bleibt unklar, zumal *Vollkommer* selbst diese Abgrenzungsformel berührt, indem er ausführt, daß das Gericht mit Rücksicht auf Art. 103 Abs. 1 GG keine überzogenen Anforderungen an den Parteivortrag stellen dürfe, ohne zuvor darauf hinzuweisen.[189]

[185] So MünchKomm-ZPO/*Peters*, 2. Aufl., § 139 Rn. 55.

[186] Vgl. BVerfG NJW-RR 1994, S. 188, 189; NJW-RR 1996, 205; Musielak/*Foerste*, ZPO, 2. Aufl., § 278 Rn. 8. Vgl. dazu auch *Rensen*, Die richterliche Hinweispflicht, S. 298 ff.

[187] Zum Zweck des § 139 Abs. 2 ZPO vgl. BT-Drucks. 14/4722, S. 77; abgedruckt bei *Hannich/Meyer-Seitz/Engers*, Die ZPO-Reform, S. 185.
Zum Zweck des § 278 Abs. 3 ZPO a. F. vgl. *Rensen*, Die richterliche Hinweispflicht, S. 248 ff.

[188] Vgl. *Rensen*, Die richterliche Hinweispflicht, S. 298 ff.

[189] *Vollkommer*, FS für Schumann, S. 507, 525. Auch Rosenberg/Schwab/*Gottwald*

Als Argument gegen eine am Wortlaut festhaltende Auslegung des § 321a ZPO taugen die vermeintlichen Abgrenzungsprobleme jedenfalls nicht.

c) Die Verletzung anderer Verfahrensgrundrechte

Deutlich seltener als die Verletzung des durch Art. 103 Abs. 1 GG verfassungsrechtlich gewährleisteten Anspruchs auf Gewährung rechtlichen Gehörs werden Verletzungen des aus Art. 3 Abs. 1 GG abgeleiteten Anspruchs auf prozessuale Waffengleichheit, des ebenfalls aus Art. 3 Abs. 1 GG folgenden Verbots objektiver Willkür, des Anspruchs auf einen fairen Zivilprozeß, des Gebots richterlicher Neutralität – besser: Unparteilichkeit – sowie schließlich des auf Art. 101 Abs. 1 S. 2 GG gestützten Anspruchs auf den gesetzlichen Richter gerügt.[190]

Ob die vom Bundesverfassungsgericht trotz z. T. ähnlicher Sachverhalte nicht unter Art. 103 Abs. 1 GG, sondern z. B. unter das Willkürverbot, das Gebot prozessualer Waffengleichheit und den Anspruch auf einen fairen Zivilprozeß subsumierten Fälle unter § 321a ZPO fallen, ist sehr zweifelhaft.[191] Während einerseits Verletzungen des Art. 103 Abs. 1 GG fraglos dem Anwendungsbereich des § 321a ZPO zuzuordnen sind, und andererseits Verletzungen ausschließlich des § 139 ZPO nicht gerügt werden können, scheinen sich die Argumente für und gegen eine Anwendung des § 321a ZPO auf Verletzungen anderer Verfahrensgrundrechte die Waage zu halten.

Für eine weite Auslegung des § 321a ZPO und seine Anwendung auf Verletzungen anderer Verfahrensgrundrechte als des Anspruchs auf Gewährung rechtlichen Gehörs spricht zum einen, daß sich diese Fälle vielfach auch unter Art. 103 Abs. 1 GG subsumieren lassen hät-

§ 61 Rn. 392f. und 42 geht hierauf ein, obwohl das von seinem Standpunkt aus unerheblich ist.

[190] Zur zahlenmäßigen Bedeutung der Fälle bis 1983 *Schumann,* ZZP 96 (1983), S. 137ff.

[191] Dagegen *Vollkommer,* FS für Schumann, S. 507, 516; Zöller/*Vollkommer,* ZPO, 24. Aufl., § 321a Rn. 3a (Die in Rn. 9 erwähnten Überschneidungen beruhen auf dem gleichzeitigen Eingreifen des Art. 103 Abs. 1 GG.).
Dafür z. B. *Schneider,* ZAP, Fach 13, S. 1147, 1151f. und ZAP, Fach 13, S. 1105, 1120ff.

ten,[192] daß möglicherweise Art. 103 Abs. 1 GG sogar vorrangig und abschließend gewesen wäre,[193] und zum anderen, daß es insoweit wegen der drohenden Verfassungsbeschwerden ebenfalls der Entlastung des Bundesverfassungsgerichts bedarf.[194]

Dementsprechend hat auch der Bundesgerichtshof in einer Entscheidung zur Frage der (Un-) Zulässigkeit einer außerordentlichen Beschwerde wegen greifbarer Gesetzeswidrigkeit ausgeführt, daß gemäß § 321a ZPO eine Verletzung von Verfahrensgrundrechten gerügt werden könne.[195] Von einer Beschränkung auf Rügen des Art. 103 Abs. 1 GG geht der Bundesgerichtshof offenbar nicht aus.[196] Diese Sichtweise liegt auch der Entscheidung des BGH vom 19. Mai 2004 zur analogen Anwendung des § 321a ZPO auf Beschwerdeentscheidungen zugrunde.[196a] Auch das Bundesverfassungsgericht spricht in seiner jüngst zur Notwendigkeit eines fachgerichtlichen Rechtsbehelfs bei Verfassungsverletzungen ergangenen Entscheidung ganz allgemein von Verfahrensgrundrechten.[197]

Zu berücksichtigen ist demgegenüber jedoch, daß der Gesetzgeber, wie sich sowohl aus dem Wortlaut des § 321a Abs. 1 Nr. 2 ZPO als auch aus der Einzelbegründung des Regierungsentwurfs[198] ergibt, die Möglichkeit der Selbstkorrektur ausdrücklich auf Verletzungen des Anspruchs Art. 103 Abs. 1 GG beschränkt hat. Andere Verfahrens-

[192] So unter Einschränkung seines vorherigen Standpunkts auch *Vollkommer,* FS für Schumann, S. 507, 516.

[193] BVerfGE 42, S. 64, 79ff. (abweichende Meinung *Geiger*); MünchKomm-ZPO/*Lüke,* 2. Aufl., Einl. Rn. 111 und 158 ff.; *Schumann,* ZZP 96 (1983), S. 137, 158f. Vgl. dazu auch *Rensen,* Die richterliche Hinweispflicht, S. 105ff.

[194] Vgl. BVerfG NJW 2003, S. 1924, 1927 (Auch hier ist hinsichtlich der Notwendigkeit einer fachgerichtlichen Abhilfemöglichkeit ganz allgemein von Verfahrensgrundrechten die Rede.).

[195] BGH NJW 2002, S. 1577.

[196] In der Entscheidung selbst ist davon jedenfalls nicht die Rede, und *Lipp,* NJW 2002, S. 1700, 1702, geht in seiner Besprechung der Entscheidung ebenfalls davon aus, daß § 321a ZPO „bei Verletzungen aller Verfahrensgrundrechte Anwendung" finde. Für dieses weite Verständnis auch *Müller,* NJW 2002, S. 2743, 2747; *Schneider,* AnwBl. 2002, S. 620, 623.

[196a] BGH, NJW 2004, S. 2529f.

[197] BVerfG NJW 2003, S. 1924, 1927.

[198] BT-Drucks. 14/4722, S. 85; *Hannich/Meyer-Seitz/Engers,* Die ZPO-Reform, S. 273.

grundrechte, wie z. B. der Anspruchs auf den gesetzlichen Richter gemäß Art. 101 Abs. 1 S. 2 GG oder das Unparteilichkeitsgebot, haben dagegen keine Erwähnung gefunden.

Darüber ergab sich aus der Stellungnahme des Bundesrates die Unvollständigkeit der Regelung nicht nur hinsichtlich von der Gehörsrüge der erfaßten Entscheidungen, sondern ebenso die geschützten Verfahrensgrundrechte betreffend.[199]

Auch verweist § 321a Abs. 5 ZPO hinsichtlich des Verfahrens nach einer begründeten Gehörsrüge auf die Regeln des Säumnisverfahrens, d. h. dem Rügeführer wird durch Rückversetzung des Verfahrens in einen früheren Stand Gelegenheit gegeben, durch weiteren Vortrag auf das Verfahren und dessen Ergebnis Einfluß zu nehmen. Die Fälle von Verletzungen anderer Verfahrensgrundrechte, wie z. B. des Unparteilichkeitsgebots, sind insoweit nicht vergleichbar mit den durch § 321a Abs. 1 Nr. 2 ZPO unmittelbar geregelten Fällen. Denn hier geht es nicht darum, daß dem Rügeführer in verfahrensfehlerhafter Weise die Einflußnahme auf das Verfahren und sein Ergebnis verwehrt wurde. Allein durch Fortführung des Verfahrens könnte z. B. ein Verstoß gegen Art. 101 Abs. 1 S. 2 GG (Anspruch auf den gesetzlichen Richter) nicht geheilt werden.[200]

Kaum vergleichbar sind ferner die Fälle der Verletzung des Willkürverbots, jedenfalls soweit es nicht um Verfahrensfehler, sondern um kraß fehlerhafte Anwendung materiellen Rechts geht. Denn hier liegt – anders als in der Regel in Zusammenhang mit Art. 103 Abs. 1 GG – kein Versehen des Gerichts, keine läßliche Unachtsamkeit vor.[201] Insgesamt gilt für die Fälle ausschließlich willkürlicher Entscheidungen, ob nun durch materiellrechtliche oder prozessuale Fehler, daß die Gerichte hierbei keinerlei Neigung zur Selbstkorrektur verspüren werden, so daß eine Erstreckung der Gehörsrüge auf solche Fälle wenig Sinn macht.[202]

199 BT-Drucks. 14/4722, S. 148; *Hannich/Meyer-Seitz/Engers,* Die ZPO-Reform, S. 275.

200 *Voßkuhle,* NJW 2003, S. 2193, 2199 (Die – von *Voßkuhle* außer Acht gelassene – Verweisung nach Fortführung des Verfahrens dürfte nicht iSd. Gesetzgebers sein.).

201 *Deubner,* JuS 2002, S. 899, 902.

202 *Deubner,* JuS 2002, S. 899, 902; *Vollkommer*, FS für Musielak, S. 619, 654; *Nassall,* ZRP 2004, S. 164, 167f.

Anderes gilt allerdings hinsichtlich des Anspruchs auf prozessuale Waffengleichheit (Art. 3 Abs. 1 GG) sowie des Anspruchs auf einen fairen Zivilprozeß, denn weder ist mit einer entsprechenden Rüge der Vorwurf der Willkür verbunden und noch hat in solchen Fällen das Vorbringen der betroffenen Partei ausreichend Berücksichtigung gefunden. Deshalb kann mittels Fortführung des Verfahrens in der Regel eine Heilung des Mangels bewirkt werden.

Der Anspruch auf prozessuale Waffengleichheit gewährleistet in formeller Hinsicht, daß den Parteien gleiche Angriffs- und Verteidigungsmittel zustehen und auch im übrigen Gleichbehandlung stattfindet.[203] Beide Parteien haben im Zivilprozeß ohne Rücksicht auf ihre Rolle als Angreifer oder Gegner sowie auf außerprozessuale Subordinationsverhältnisse die gleiche Rechtsstellung.[204] Insoweit ist der Gehalt des Anspruchs auf prozessuale Waffengleichheit unbestritten.[205] Sehr umstritten ist dagegen, ob aus Art. 3 Abs. 1 GG auch eine materielle Waffengleichheit im Sinne der Herstellung tatsächlicher Chancengleichheit durch kompensatorische Maßnahmen des Gerichts abzuleiten ist.[206] Weil Art. 103 Abs. 1 GG aber nicht allein die Mindestanforderungen an ein Gerichtsverfahren regelt, sondern umgekehrt auch dem Gesetzgeber einen Freiraum bei der Gestaltung des Verfahrensrechts und hierunter auch der richterlichen Fürsorgepflichten sichert, kann dem Gleichbehandlungsgebot gemäß Art. 3 Abs. 1 GG in materieller Hinsicht nur sehr eingeschränkte Bedeutung zukommen. Der Anspruch auf prozessuale Waffengleichheit schützt insoweit lediglich

203 *Stürner,* NJW 1979, S. 2334, 2337.

204 *Schumann,* ZZP 96 (1983), S. 137, 157f. m.w.N.; Stein/Jonas/*Schumann,* ZPO, 20. Aufl., Einl. Rn. 506.

205 MünchKomm-ZPO/*Lüke,* 2. Aufl., Einl. Rn. 143; *Schilken,* Lexikon des Rechts, Zivilverfahrensrecht, S. 372, r. Sp.; *Vollkommer,* FS für K.H. Schwab, S. 503, 516, 519f.

206 Für eine materielle Waffengleichheit u.a. MünchKomm-ZPO/*Lüke,* 2. Aufl., Einl. Rn. 144; *Schilken,* Lexikon des Rechts, Zivilverfahrensrecht, S. 372, r. Sp.; *Vollkommer,* FS für K. H. Schwab, S. 503, 508, 516, 519f.
Dagegen *Gaul,* AcP 168 (1968), S. 27, 39; Stein/Jonas/*Schumann,* ZPO, 20. Aufl., Einl. Rn. 506; *ders.,* ZZP 96 (1983), S. 137, 157ff.; *Stürner,* NJW 1979, S. 2334, 2337.
Vgl. die Darstellung des Diskussionsstandes bei *Jung,* Der Grundsatz der Waffengleichheit im Zivilprozeß, S. 6–63.

vor ungleicher Anwendung der die richterliche Fürsorge betreffenden Bestimmungen, ein weitergehendes materielles Verständnis prozessualer Waffengleichheit ist abzulehnen.[207] Der so definierte Anspruch auf prozessuale Waffengleichheit kann z. B. dadurch verletzt werden, daß eine in Beweisnot befindliche Partei nicht gemäß § 141 ZPO angehört wird, nachdem das Gericht den seitens des Gegners benannten Zeugen vernommen und dessen Bekundungen Glauben geschenkt hat. Dagegen ist eine erweiternde Auslegung des § 448 ZPO nicht geboten, denn § 286 Abs. 1 ZPO erlaubt auch die Würdigung einer Parteianhörung.[208]

Die Generalklausel des Anspruchs auf einen fairen Zivilprozeß umfaßt seiner Natur als Auffangtatbestand gemäß eine Vielzahl unterschiedlicher Aspekte: Den Anspruch auf Gewährung rechtlichen Gehörs, den Anspruch auf den gesetzlichen Richter, prozessuale Billigkeit, Treu und Glauben, soziales Zivilprozeßrecht, Rollenverteilung zwischen Gericht und Parteien u. ä.[209] Gerade wegen dieses weiten Anwendungsbereichs ist die konkrete Ausprägung des Anspruchs auf ein faires Verfahren weitgehend vom Einzelfall bestimmt, der punktuelle Charakter des Rechts auf ein faires Verfahren ist unübersehbar.[210] So weit der Anwendungsbereich der Generalklausel abstrakt sein mag, so selten sind – neben den speziellen verfassungsrechtlichen Gewährleistungen – konkrete Anwendungsfälle:[211] Ändert ein Gericht seine ständige Rechtsprechung ohne vorherigen Hinweis, bedarf es nicht des Rückgriffs auf den Anspruch auf einen fairen

[207] *Rensen,* Die richterliche Hinweispflicht, S. 99ff.; I.E. ebenso *Stürner,* Die richterliche Aufklärung im Zivilprozeß, Rn. 40.

[208] OLG Düsseldorf OLGR 1996, S. 274; VersR 1999, S. 205; OLG München NJW-RR 1996, S. 958; LAG Köln MDR 1999, S. 1085; LG Mönchengladbach NJW-RR 1998, S. 501; Zöller/*Greger,* ZPO, 23. Aufl., § 448 Rn. 2a; offengelassen in BGH NJW 1998, S. 306f.; 1999, S. 363f.; anders *Schlosser,* NJW 1995, S. 1404.

[209] *Schilken,* Lexikon des Rechts, Zivilverfahrensrecht, S. 372; Stein/Jonas/*Schumann,* ZPO, 20. Aufl., Einl. Rn. 515. Allgemein zum Anspruch auf einen fairen Zivilprozeß: *Dörr,* Faires Verfahren, Gewährleistung im Grundgesetz der Bundesrepublik Deutschland, passim; *Karwacki,* Der Anspruch der Parteien auf einen fairen Zivilprozeß, passim.

[210] *Hesselberger,* FS für K. H. Schwab, S. 349, 353.

[211] *Karwacki,* S. 67ff., übersieht, wenn sie eine Vielzahl von Anwendungsfällen aufzählt, die Rechtsnatur des Anspruchs auf einen fairen Zivilprozeß als Generalklausel.

Zivilprozeß.[212] Vielmehr greift insoweit Art. 103 Abs. 1 GG ein.[213] Ein Anwendungsfall des Anspruchs auf einen fairen Zivilprozeß ist dagegen die richterliche Befragung einer Partei zu nachteiligen Tatsachen. Hier gebietet der Anspruch auf einen fairen Zivilprozeß als Billigkeitsgebot Vertrauensschutz, so daß ein vorheriger Hinweis des Gericht auf die nachteilige Bedeutung der betreffenden Tatsachen notwendig ist.[214]

Vergleichbar sind die Verletzungen dieser Verfahrensgrundrechte mit den unmittelbar durch § 321a Abs. 1 Nr. 2 ZPO geregelten Fällen insofern, als der betroffenen Partei hier in ungleicher oder unfairer Weise die Möglichkeit genommen wurde, auf das Verfahren und dessen Ergebnis durch weiteres Vorbringen Einfluß zu nehmen. Dies geschieht z. B. durch ungleiche oder unfaire Anwendung solcher einfachgesetzlicher Normen, die entweder der Gewährung rechtlichen Gehörs zu dienen bestimmt sind – z. B. die §§ 139, 156, 227, 283 ZPO – oder die Grenzen der Gewährung rechtlichen Gehörs betreffen – z. B. § 296 ZPO. Indes bedarf es diesbezüglich keiner erweiternden Auslegung oder Analogie, denn diese Sachverhalte können – wie oben schon angedeutet – unter Art. 103 Abs. 1 GG subsumiert werden.[215] Eine unfaire bzw. ungleiche Anwendung dieser Bestimmungen überfordert nämlich selbst eine gewissenhafte Partei. Als vergleichbare und für eine entsprechende Anwendung des § 321a ZPO grundsätzlich in Betracht kommende Fälle verblieben danach nur diejenigen Fälle einer Verletzung des Anspruchs auf prozessuale Waffengleichheit, die nicht auch unter Art. 103 Abs. 1 GG fallen, sowie die Fälle einer Verletzung des Anspruchs auf einen fairen Zivilprozeß – diese Generalklausel setzt voraus, daß Art. 103 Abs. 1 GG nicht einschlägig ist.

Auch insofern scheidet eine Analogie jedoch aus: Das folgt sich aus dem Normzweck, der Entlastung des Bundesverfassungsgericht von

[212] So aber *Hesselberger,* FS für K. H. Schwab, S. 349, 353.

[213] Vgl. *Rensen,* Die richterliche Hinweispflicht, S. 88.

[214] Vgl. *Rensen,* Die richterliche Hinweispflicht, S. 187ff.

[215] BVerfGE 42, S. 64, 79ff. (abweichende Meinung *Geiger*); MünchKomm-ZPO/*Lüke,* 2. Aufl., Einl. Rn. 111 und 158ff.; *Schumann,* ZZP 96 (1983), S. 137, 158f.; *Vollkommer,* FS für Schumann, S. 507, 516. Vgl. dazu auch *Rensen,* Die richterliche Hinweispflicht, S. 105ff.

der sogenannten „Pannenhilfe". Das Bundesverfassungsgericht war nämlich ganz überwiegend mit Verletzungen des Anspruchs auf Gewährung rechtlichen Gehörs gemäß Art. 103 Abs. 1 GG befaßt[216] und seine allseits beklagte Überlastung beruhte ebenfalls hierauf. Es ging dort vor allem um die Korrektur läßlicher Unachtsamkeiten,[217] also insbesondere um versehentlich nicht berücksichtigte, rechtzeitig eingegangene Schriftsätze u. ä.

Für ein restriktives Verständnis der Gehörsrüge gemäß § 321a ZPO spricht auch, daß sich der Gesetzgeber einen Vorschlag *Musielaks*[218] über die Ausdehnung der Gehörsrüge auf sämtliche Verfahrensgrundrechte nicht zu eigen gemacht, sondern an der ursprünglichen und ausschließlich auf Art. 103 Abs. 1 GG abstellenden Fassung des § 321a ZPO festgehalten hat.

Übrigens bestehen auch die von *Musielak* befürchteten Abgrenzungsschwierigkeiten[219] nicht. Selbst wenn das Bundesverfassungsgericht in der Vergangenheit teilweise vorschnell auf Art. 3 Abs. 1 GG in seiner Ausprägung als Willkürverbot oder die Generalklausel des Anspruchs auf einen fairen Zivilprozeß zurückgegriffen hat,[220] verbleibt es dabei, daß Art. 103 Abs. 1 GG den Maßstab richterlicher Fürsorgepflichten bestimmt. Art. 3 Abs. 1 GG verpflichtet lediglich zur gleichmäßigen Anwendung dieses Maßstabs, und der Anspruch auf einen fairen Zivilprozeß betrifft nur diejenigen Konstellationen, in denen es ausschließlich um Billigkeit und nicht um rechtliches Gehör geht.[221]

[216] Einen Überblick über die gemeinten Fälle gibt *Schumann,* ZZP 96 (1983), S. 137ff. und insbes. 221ff. (Liste der zivilprozessualen Entscheidungen des Bundesverfassungsgerichts, Stand: Dezember 1982).

[217] *Deubner,* JuS 2002, S. 899, 902.

[218] NJW 2002, S. 2769, 2776.

[219] NJW 2002, S. 2769, 2776.

[220] Vgl. BVerfGE 42, S. 64, 85ff. (abw. M. *Geiger*). Auch *Kroppenberg,* ZZP 116 (2003), S. 421, 425ff. stellt zu sehr auf den Anspruch auf einen fairen Zivilprozeß ab und begründet damit die Vergleichbarkeit der Verfahrensgrundrechte, während es sich dabei tatsächlich lediglich um eine Auffangrundrecht, nicht aber um den Kern sämtlicher Spezialgewährleistungen handelt.

[221] Vgl. die Ausführungen zu dem Anwendungsbereich anderer Verfahrensgrundrechte neben Art. 103 Abs. 1 GG bei *Rensen,* Die richterliche Hinweispflicht, S. 102ff., 106 und 107ff.

Ferner ist auch die oben angesprochene, die Notwendigkeit einer fachgerichtlichen Abhilfemöglichkeit betreffende Entscheidung des Bundesverfassungsgerichts, mag dort auch z. T. allgemein von Verfahrensgrundrechten die Rede sein, zum Anspruch auf Gewährung rechtlichen Gehörs gemäß Art. 103 Abs. 1 GG ergangen.[222] Diese Entscheidung erfordert es keineswegs, § 321a ZPO auf andere Verfahrensgrundrechte als Art. 103 Abs. 1 GG auszudehnen. Hiermit würde vielmehr der eindeutige gesetzgeberische Wille überspielt. Eine dahingehende verfassungskonforme Auslegung oder Analogie ist deshalb unzulässig.[223] Daß auch das Bundesverfassungsgericht selbst dies so sieht, ergibt sich schon aus seinen Ausführungen zum gesetzgeberischen Spielraum.[224]

Schließlich ist nochmals darauf hinzuweisen, daß eine Erweiterung der Gehörsrüge stets auch mit einer weiteren Einschränkung des Instituts der Rechtskraft verbunden ist, die wie der Anspruch auf Gewährung rechtlichen Gehörs Verfassungsrang genießt. Die hier gebotene Abwägung im Sinne praktischer Konkordanz rechtfertigt es nicht, dem Schutz rechtlichen Gehörs einseitig Vorrang zu gewähren, sondern erfordert eine Begrenzung der Rechtskraftdurchbrechungen auf das unbedingt notwendige Mindestmaß.

Die vermutlich vom Bundesgerichtshof[225] und sicher von Teilen der Literatur[226] vertretene weitere Auslegung des § 321a ZPO bzw. Analogie geht nach allem deutlich über dessen Wortlaut sowie den Sinn und Zweck der Norm hinaus, entspricht überdies nicht ihrer Entstehungsgeschichte, und es besteht auch keine dahingehende verfassungsrechtliche Notwendigkeit. Sie ist deshalb abzulehnen.

Ob es mit Rücksicht auf den soeben dargestellten Anwendungsbereich der Gehörsrüge auch weiterhin der außerordentliche Be-

[222] BVerfG NJW 2003, S. 1924ff. (iVm. dem Justizgewährungsanspruch).

[223] *Voßkuhle,* NJW 2003, S. 2193, 2199.

[224] BVerfG NJW 2003, S. 1924ff. Vgl. Zöller/*Vollkommer,* ZPO, 24. Aufl., § 321a Rn. 3a.

[225] NJW 2002, S. 1577.

[226] So *Kroppenberg,* ZZP 116 (2003), S. 421, 425ff.; *Lipp,* NJW 2002, S. 1700, 1702; *Müller,* NJW 2002, S. 2743, 2747; *Schneider,* AnwBl. 2002, S. 620, 623.

schwerde wegen greifbarer Gesetzeswidrigkeit oder der Gegenvorstellung bedarf, kann im vorliegenden Zusammenhang noch dahinstehen, die Frage läßt sich jedenfalls nicht ohne weiteres unter Rückgriff auf § 321a ZPO beantworten,[227] weil dessen Anwendungsbereich keineswegs so weit reicht, wie der Bundesgerichtshof angedeutet hat.

Das Anhörungsrügengesetz wird in der Fassung des Entwurfs des Bundesministeriums der Justiz vom 28. April 2004 insofern zu keiner Änderung führen. Während man sich hinsichtlich der anfechtbaren Entscheidungen den Vorgaben des Bundesverfassungsgerichts folgend zu einer Ausweitung des Anwendungsbereichs entschieden hat, soll es nach den Motiven bezüglich des Gegenstandes der Gehörsrüge bei der Beschränkung auf Art. 103 Abs. 1 GG verbleiben.[228]

d) Art. 6 Abs. 1 EMRK

Eine Anwendung der Gehörsrüge gemäß § 321a ZPO auf Verletzungen des Art. 6 Abs. 1 EMRK wurde weder während des Gesetzgebungsverfahrens noch nach Inkrafttreten des Gesetzes zur Reform der Zivilprozeßordnung am 1. Januar 2002 diskutiert, obwohl sich das Problem hier in ähnlicher Weise stellt. Das gilt allerdings nach den obigen Ausführungen zum Gegenstand des § 321a ZPO nur, soweit Art. 6 Abs. 1 EMRK u. a. das rechtliche Gehör gewährleistet.[229]

Soweit der Schutzbereich des Art. 6 Abs. 1 EMRK dem des Art. 103 Abs. 1 GG entspricht, umfaßt die Gehörsrüge gemäß § 321a ZPO faktisch auch Verletzungen des Art. 6 Abs. 1 EMRK.

[227] Vgl. BVerfG NJW 2003, S. 1924ff., das – anders als der BGH – von einem begrenzten Anwendungsbereich des § 321a ZPO ausgeht.

[228] Vgl. Nassall, ZRP 2004, S. 164, 168; Stellungnahme der BRAK vom Mai 2004 (Zugriff über Homepage der BRAK möglich).

[229] Zur Bedeutung des Art. 6 Abs. 1 EMRK für den Zivilprozeß: *Matthei,* Der Einfluß der Rechtsprechung des Europäischen Gerichtshofes für Menschenrechte auf die ZPO, z. B. S. 16f., die allerdings die ungeschriebenen Gewährleistungen des Grundgesetzes nicht ausreichend berücksichtigt. Zu den Gewährleistungen des Art. 6 Abs.1 EMRK im einzelnen: Frowein/*Peukert*, EMRK, 2. Aufl., Art. 6 Rn. 53ff. (rechtliches Gehör), 71ff. (faires Verfahren), 91ff. (Waffengleichheit), 124ff. (Unabhängigkeit), 129ff. (Unparteilichkeit); *Schlosser,* NJW 1995, S. 1404ff. (Waffengleichheit); *Schumann,* FS für K. H. Schwab, S. 449, 451ff.

Hinsichtlich des Art. 6 Abs. 1 EMRK ist allerdings zu berücksichtigen, daß mit § 321a ZPO nach den Gesetzesmaterialien nur die Entlastung des Bundesverfassungsgerichts,[230] nicht dagegen diejenige des Europäischen Gerichtshof für Menschenrechte in Straßburg beabsichtigt war. Deshalb kann eine Verletzung des Art. 6 Abs. 1 EMRK nicht im Rahmen des § 321a ZPO nicht gerügt werden. Mag § 321a ZPO seinem Anwendungsbereich nach auch einen Teil der Art. 6 Abs. 1 EMRK innewohnenden Gewährleistungen erfassen, ist Art. 6 Abs. 1 EMRK doch nicht Prüfungsmaßstab, sondern ausschließlich Art. 103 Abs. 1 GG.

Selbst als Reflex der Gehörsrüge wird sich übrigens kaum eine Entlastung des Europäischen Gerichtshof für Menschenrechte in Straßburg ergeben. Denn eine Beschwerde nach Art. 25 EMRK setzte schon bisher die Erschöpfung des nationalen Rechtsweges einschließlich einer möglichen Verfassungsbeschwerde voraus, Art. 26 EMRK.[231] Aus Sicht des Europäischen Gerichtshof für Menschenrechte macht es aber keinen Unterschied, ob die Gehörsverletzung erst durch die nationale Verfassungsgerichtsbarkeit oder bereits durch die Zivilgerichtsbarkeit korrigiert wird.

e) Das Ergebnis für den Gegenstand der Gehörsrüge

Also ist § 321a ZPO hinsichtlich des Gegenstandes der Gehörsrüge restriktiv auszulegen. Denn sowohl der Wortlaut der Norm als auch ihre Entstehungsgeschichte und ihr Zweck sprechen für eine Begrenzung der Gehörsrüge auf Verletzungen des Anspruchs auf Gewährung rechtlichen Gehörs gemäß Art. 103 Abs. 1 GG.

Die befürchteten Abgrenzungsprobleme zwischen Verletzungen ausschließlich der richterlichen Hinweispflicht gemäß § 139 ZPO und solchen des Anspruchs auf rechtliches Gehör gemäß Art. 103 Abs. 1 GG bestehen nicht. Der von *Vollkommer*[232] vermißte innere Grund einer auf Verletzungen des Verfassungsrechts beschränkten Auslegung

[230] BT-Drucks. 14/4722, S. 85; abgedruckt bei *Hannich/Meyer-Seitz/Engers,* Die ZPO-Reform, S. 273.

[231] *Frowein*/Peukert, EMRK, 2. Aufl., Art. 25 Rn. 1ff.

[232] *Vollkommer,* FS für Schumann, S. 507, 520.

des § 321a ZPO liegt zum einen im Normzweck des § 321a ZPO, zum anderen in der bei weitergehender Auslegung drohenden Überlastung der Zivilgerichte mit mehr oder weniger offensichtlich haltlosen Gehörsrügen und schließlich im verfassungsrechtlich verbürgten Institut der Rechtskraft. Dementsprechend kann im Rahmen des § 321a ZPO auch nicht die Verletzung ausschließlich der richterlichen Hinweispflicht gemäß § 139 ZPO gerügt werden.[233]

Soweit seitens des Bundesgerichtshofs[234] angedeutet und in der Literatur[235] vertreten wird, daß die Gehörsrüge bei Verletzung sämtlicher Verfahrensgrundrechte Anwendung finde, geht auch dies deutlich zu weit. Die Entscheidung des Bundesverfassungsgerichts zur Notwendigkeit einer fachgerichtlichen Korrekturmöglichkeit von Gehörsverletzungen[236] erfordert eine solche erweiternde Auslegung bzw. analoge Anwendung des § 321a ZPO nicht.[237]

Schließlich ist auch Art. 6 Abs. 1 EMRK im Rahmen der Gehörsrüge nicht Prüfungsmaßstab, wenn sich auch faktisch Überschneidungen ergeben, soweit nämlich der Schutzbereich des Art. 6 Abs. 1 EMRK dem des Art. 103 Abs. 1 GG entspricht.

2. Die Entscheidungserheblichkeit der Gehörsverletzung, § 321a Abs. 1 Nr. 2 ZPO

Zur Begründung einer Gehörsrüge im Sinne des § 321a ZPO genügt eine Verletzung des Anspruchs auf Gewährung rechtlichen Gehörs (Art. 103 Abs. 1 GG) nicht. Vielmehr muß deren Entscheidungserheblichkeit hinzutreten.

Der Begriff Entscheidungserheblichkeit im Sinne des § 321a Abs. 1 Nr. 2 ZPO entspricht hierbei dem aus dem Revisionsrecht bekannten

[233] So bereits *Rensen,* AnwBl. 2002, S. 633, 639.
[234] NJW 2002, S. 1577; NJW 2004, S. 2529f.
[235] *Lipp,* NJW 2002, S. 1700, 1702; *Müller,* NJW 2002, S. 2743, 2747; *Schneider,* AnwBl. 2002, S. 620, 623; ders. ZAP, Fach 13, S. 1105, 1120 ff. und S. 1147, 1151 f.
[236] BVerfG NJW 2003, S. 1924 ff.
[237] *Voßkuhle,* NJW 2003, S. 2193, 2199.

Begriff des „Beruhens“ (§§ 545, 547 ZPO).[238] Demgemäß ist eine Gehörsverletzung entscheidungserheblich im Sinne des § 321a Abs. 1 Nr. 2 ZPO, wenn nicht ausgeschlossen werden kann, daß das Gericht ohne die Verletzung des Anspruchs auf Gewährung rechtlichen Gehörs zu einer anderen Entscheidung gekommen wäre.[239] Auch der Gesetzgeber hat das so gesehen.[240]

Es muß also keineswegs feststehen, daß die Gehörsverletzung nachteilige Folgen für den Beschwerdeführer hatte.[241]

Liegt die Verletzung des Anspruchs auf Gewährung rechtlichen Gehörs in einer Unterlassung eines ausnahmsweise gemäß Art. 103 Abs. 1 GG gebotenen gerichtlichen Hinweises – Art. 103 Abs. 1 GG schützt nur vor überhöhten Anforderungen, nicht vor nachteiligen Folgen mangelnder Sorgfalt und gewährleistet insofern lediglich einen Minimalstandard der Hinweispflicht –, z. B. darf das Gericht nicht ohne vorherigen Hinweis eine vorher geäußerte rechtliche oder tatsächliche Würdigung verändern, muß der Beschwerdeführer im Hinblick auf die gemäß § 321a Abs. 1 Nr. 2 ZPO erforderliche Entscheidungserheblichkeit vortragen, was er auf den gerichtlichen Hinweis hin vorgetragen hätte.[242]

238 *Müller,* NJW 2002, S. 2743, 2744; Zöller/*Vollkommer,* ZPO, 23. Aufl., § 321a Rn. 10.

239 *Müller,* NJW 2002, S. 2743, 2744; *Schmidt,* MDR 2002, S. 915, 916; Zöller/*Vollkommer,* ZPO, 23. Aufl., § 321a Rn. 10.

240 BT-Drucks. 14/4722, S. 85; abgedruckt bei *Hannich/Meyer-Seitz/Engers,* Die ZPO-Reform, S. 273.

241 So aber Baumbach/Lauterbach/Albers/*Hartmann,* ZPO, 62. Aufl., § 321a Rn. 19; *ders.,* NJW 2001, S. 2587. Dagegen ausdrücklich Zöller/*Vollkommer,* ZPO, 24. Aufl., § 321a Rn. 10 unter Verweis auf *Schneider,* ZAP 2001, S. 1090 = Fach 13, S. 1074.

242 *Schmidt,* MDR 2002, S. 915, 916.

VI. Das Rüge- und Abhilfeverfahren, § 321a Abs. 3 bis 5 ZPO

Der Eingang der Rügeschrift leitet das Rüge- und Abhilfeverfahren gemäß § 321a Abs. 3 bis 5 ZPO ein. Dabei handelt es sich um ein – auch kostenrechtlich – unselbständiges Annexverfahren, an dem die Parteien des Rechtsstreits beteiligt sind.[243]

1. Das dem Gegner zu gewährende rechtliche Gehör, § 321a Abs. 3 ZPO

Dem Gegner ist im Rügeverfahren gemäß § 321a ZPO Abs. 3 ZPO soweit erforderlich Gelegenheit zur Stellungnahme zu geben. Die Gewährung dieses Gehörs ist nicht notwendig, wenn und soweit der Antrag ohne weiteres zurückgewiesen wird.[244] Diese Verfahrensweise beschwert den Gegner nicht, weil er obsiegt und daher nicht in seinen Rechten verletzt sein kann.[245] Die einzig ihn beschwerende Rechtsfolge, die Hemmung der Rechtskraft der angefochtenen Entscheidung, tritt unabhängig von der Entscheidung des Gerichts bereits mit die Einreichung der Rügeschrift ein. Schließlich dient der Verzicht auf die verfassungsrechtlich nicht gebotene Anhörung der Verfahrensbeschleunigung und Entlastung der Gerichte und entspricht somit den gesetzgeberischen Motiven.[246]

[243] Zöller/*Vollkommer,* ZPO, 24. Aufl., § 321a Rn. 15.

[244] Möglicherweise etwas enger Zöller/*Vollkommer*, ZPO, 24. Aufl., § 321a, Rn. 15, der nur bei Offenkundigkeit der Unstatthaftigkeit auf die Anhörung des Gegners verzichten will.

[245] BT-Drucks. 14/4722, S. 85; *Hinz,* WM 2002, S. 3, 8; *Müller,* NJW 2002, S. 2743, 2744; *Schmidt,* MDR 2002, S. 915, 916.

[246] BT-Drucks. 14/4722, S. 85f.

2. Die Statthaftigkeits- und Zulässigkeitsprüfung, § 321a Abs. 4 S. 1 ZPO, sowie der Beschluß über die Verwerfung der Gehörsrüge, § 321a Abs. 4 S. 2 und 4 ZPO

Gemäß § 321a Abs. 4 S. 1 ZPO hat das Gericht zunächst von Amts wegen die Statthaftigkeit und Zulässigkeit der Rüge zu prüfen. Insoweit gilt wie im Rahmen der §§ 56, 522, 552 ZPO der Grundsatz der Amtsprüfung,[247] so daß zwar keine Amtsermittlung stattfindet – es gelten die üblichen Beweislastregeln[248] –, das Gericht aber einen entsprechenden Mangel auch ohne Zulässigkeitsrüge zu beachten hat.[249]

Gemäß § 321a Abs. 4 S. 2 ZPO ist die Gehörsrüge als unstatthaft bzw. unzulässig[250] zu verwerfen, wenn sie nicht statthaft ist oder nicht in der gesetzlich vorgeschriebenen Form und Frist erhoben wurde. Dasselbe gilt selbstverständlich auch hinsichtlich der allgemeinen Prozeßvoraussetzungen. Die Verwerfung erfolgt gem. § 321a Abs. 4 S. 4 ZPO durch Beschluß, der kurz zu begründen und nicht anfechtbar ist.

Die Begründungspflicht ist auch im Hinblick auf die Unanfechtbarkeit des Beschlusses weder systemwidrig noch unklar,[251] sondern entspricht insofern dem oben dargelegten Normzweck, als sich der Gesetzgeber auch in den Fällen der Zurückweisung und anschließender Verfassungsbeschwerde des Betroffenen eine Erleichterung davon verspricht, daß dem Bundesverfassungsgericht ein durch das Ausgangsgericht bereits aufbereiteter Sachverhalt präsentiert wird.[252] Ob diese Erwartung gerechtfertigt ist, ist allerdings durchaus zweifelhaft.

[247] Baumbach/Lauterbach/Albers/*Hartmann,* ZPO, 62. Aufl., § 321a Rn. 43; Zöller/*Vollkommer,* ZPO, 24. Aufl., § 321a Rn. 16.
[248] Baumbach/Lauterbach/Albers/*Hartmann,* ZPO, 62. Aufl., § 56 Rn. 5.
[249] Baumbach/Lauterbach/Albers/*Hartmann,* ZPO, 62. Aufl., § 56 Rn. 5.
[250] Insofern ist § 321a Abs. 4 S. 2 ZPO nicht präzise, denn die Statthaftigkeit und Zulässigkeit sind zu unterscheiden, vgl. Baumbach/Lauterbach/Albers/*Hartmann,* ZPO, 62. Aufl., § 321a Rn. 46.
[251] Baumbach/Lauterbach/Albers/*Hartmann,* ZPO, 62. Aufl., § 321a Rn. 47.
[252] BT-Drucks. 14/4722, S. 63; *Hannich/Meyer-Seitz/Engers,* Die ZPO-Reform, S. 272.

Inhaltlich bedeutet die auf das Eingreifen des Rechtsausschusses zurückgehende eingeschränkte Begründungspflicht, daß die Begründung sehr knapp zu halten und wenig Aufwand zu treiben ist.[253] Damit allerdings der Normzweck – Entlastung des Bundesverfassungsgerichts auch bei Zurückweisung durch Aufbereitung des Sachverhalts – hierbei überhaupt erreicht werden kann, bedarf es zumindest eindeutiger und klarer Gründe.[254] Die erlaubte Kürze entbindet ebensowenig von der präzisen Herausarbeitung und umfassenden Darstellung der erheblichen Gesichtspunkte, wie die Erlaubnis geringen Aufwands hinsichtlich der Begründung eine nachlässige Prüfung der Sache zu rechtfertigen vermag. Es besteht insoweit ein deutlich erkennbarer Zielkonflikt zwischen dem Bestreben, den Aufwand zu begrenzen, und der hauptsächlich erwünschten Entlastung des Bundesverfassungsgerichts, der indes weder seitens der Bundesregierung noch seitens des Rechtsausschusses eine ausreichende Berücksichtigung gefunden hat.

§ 321a Abs. 4 S. 4 ZPO bestimmt zugleich, daß der Verwerfungsbeschluß unanfechtbar ist, also Rechtsmittel nicht statthaft sind. Die grundsätzlich zulässige Verfassungsbeschwerde[255] – mit der Einführung der Gehörsrüge sollte sie nicht ausgeschlossen, sondern insofern lediglich eine Verringerung und Vereinfachung bewirkt werden – dürfte bei Verwerfung der Gehörsrüge als unstatthaft bzw. unzulässig an der mangelnden Rechtswegerschöpfung scheitern, § 90 Abs. 1 S. 2 BVerfGG. Denn wer von einem statthaften Rechtsbehelf keinen Gebrauch macht, kann auf diese Art und Weise nicht die Zulässigkeit einer Verfassungsbeschwerde begründen. Eine erneute Gehörsrüge oder gar ein außerordentlicher Rechtsbehelf, wie z. B. eine Ausnahmeberufung, kommt dann ebenfalls nicht in Betracht.[256] Eine Gehörsrüge ist nur gegenüber unanfechtbaren erstinstanzlichen Urtei-

[253] BT-Drucks. 14/6036, S. 121f.; abgedruckt bei *Hannich/Meyer-Seitz/Engers,* Die ZPO-Reform, S. 278.

[254] Baumbach/Lauterbach/Albers/*Hartmann,* ZPO, 62. Aufl., § 321a Rn. 48.

[255] Vgl. Baumbach/Lauterbach/Albers/*Hartmann,* ZPO, 62. Aufl., § 321a Rn. 61; *Schmidt,* MDR 2002, S. 915, 917; *Schneider,* AnwBl. 2002, S. 620, 623; Zöller/*Vollkommer,* ZPO, 24. Aufl., § 321a Rn. 17.

[256] So aber *Schneider,* AnwBl. 2002, S. 620, 623; dagegen und wie hier Zöller/*Vollkommer,* ZPO, 24. Aufl., § 321a Rn. 17.

len statthaft, und für eine Analogie zu § 514 Abs. 2 ZPO fehlt es nach Einführung des § 321a ZPO an einer planwidrigen Regelungslücke. Insofern ist im übrigen der zutreffende Hinweis der Bundesregierung zu wiederholen, daß nämlich jedes Rechtsmittelsystem der Überprüfung von Entscheidungen Grenzen setzen muß.[257]

3. Die Begründetheitsprüfung, die Notwendigkeit einer mündlichen Verhandlung und die Sachentscheidung, § 321a Abs. 4 S. 3 und 4, Abs. 5 ZPO

Bejaht das Gericht die Zulässigkeitsvoraussetzungen der Rüge, schreitet es zur Prüfung der Begründetheit, deren Voraussetzungen bereits oben ausführlich erläutert worden sind.

a) Stellt das Gericht hierbei fest, daß die betreffenden Rüge begründet ist, wird der Prozeß gemäß § 321a Abs. 5 ZPO in diejenige Lage zurückversetzt, in der er sich vor dem Schluß der mündlichen Verhandlung befunden hat. Diese Rechtsfolge bedarf nicht der Feststellung im Wege eines Beschlusses,[258] denn die prozessuale Lage nach einer statthaften, zulässigen und begründeten Gehörsrüge entspricht derjenigen nach einem zulässigen Einspruch – auf dieses Verfahren wird in § 321a Abs. 5 S. 2 und 3 ZPO ausdrücklich Bezug genommen –, und dort bedarf es ebenfalls keines gesonderten Beschlusses.

Wie nach einem zulässigen Einspruch gegen ein Versäumnisurteil ist auch im Falle einer zulässigen und begründeten Gehörsrüge erneut mündlich zu verhandeln. Daraus, daß der Prozeß ohne weiteres in die vor Erlaß der angefochtenen Entscheidung bestehenden Lage zurückversetzt wird, folgt, daß es zunächst bei der zuvor einschlägigen Verfahrensart sowie den letzten Anträgen und dem bisherigen Sach- und Streitstand bleibt. Das Gericht ist an die angefochtene Entscheidung nicht gebunden, wenn sich auch die Formulierung des Urteilstenors daran zu orientieren hat. Das Verfahren wird allerdings nur fortge-

257 BT-Drucks. 14/4722, S. 156; abgedruckt bei *Hannich/Meyer-Seitz/Engers,* Die ZPO-Reform, S. 277.

258 Zöller/*Vollkommer*, ZPO, 24. Aufl., § 321a, Rn. 17; anders *Schmidt,* MDR 2002, S. 915, 917.

setzt, soweit die Rüge reicht. Dementsprechend kann die Gegenpartei ihr Vorbringen zwar hinsichtlich des nunmehr beschränkten Streitgegenstandes nachbessern, nicht aber hinsichtlich anderer Gesichtspunkte. Die Zwecke des § 321a ZPO – Schaffung einer Selbstkorrekturmöglichkeit und Entlastung des Bundesverfassungsgerichts – rechtfertigen nur diese begrenzte Einschränkung der Rechtskraft. Demgegenüber bedarf es nicht einer ungerechtfertigten zweiten Chance für den Gegner.[259] Aber auch die rügeführende Partei kann nur den unterbliebenen Vortrag einführen, nicht dagegen z. B. einen neuen Streitgegenstand. Die durch das Justizmodernisierungsgesetz beschlossenen Änderung des § 321a Abs. 5 ZPO ist nur klarstellender Natur.[260] In dem fortgesetzten Verfahren gilt im Hinblick auf den Gegenstand des Verfahrens nicht das Verbot der reformatio in peius,[261] so daß auch für den Rügeführer insoweit das Risiko eines vollständigen Unterliegens besteht.

b) Soweit das Gericht die Rüge für unbegründet hält, kann es diese durch unanfechtbaren, kurz zu begründenden Beschluß zurückweisen.

Der Umstand, daß durch Beschluß zu entscheiden ist, spricht für ein Verfahren ohne obligatorische mündliche Verhandlung. Allerdings könnte es einer mündlichen Verhandlung gleichwohl bedürfen, z. B. in Anlehnung an § 922 ZPO, wenn diejenigen Umstände, die eine entscheidungserhebliche Gehörsverletzung begründen sollen, streitig und nicht bewiesen sind. Dabei ist jedoch von vornherein zu bedenken, daß eine Beweiserhebung entbehrlich ist, soweit es sich um offenkundige Tatsachen handelt (§ 291 ZPO). Wird z. B. gerügt, das Gericht habe einen gemäß Art. 103 Abs. 1 GG gebotenen Hinweis nicht erteilt, und erwidert der Gegner, eine Hinweiserteilung sei in der mündlichen Verhandlung erfolgt, kommt es darauf an, ob das Gericht sich hieran erinnert. Die Rüge kann, soweit das der Fall ist, auch dann keinen Erfolg haben, wenn die Hinweiserteilung nicht im Protokoll

[259] Vgl. BT-Drucks. 15/1508, S. 19 (Einzelbegründung zur Änderung des § 321a Abs. 5 ZPO im Zuge des Justizmodernisierungsgesetzes).

[260] So auch Baumbach/Lauterbach/Albers/*Hartmann*, ZPO, 62. Aufl., § 321a Rn. 53; unklar dagegen Zöller/*Vollkommer*, ZPO, 24. Aufl., § 321a Rn. 18.

[261] Vgl. *Hinz*, WM 2002, S. 3, 8; *Hannich/Meyer-Seitz/Engers*, ZPO-Reform 2002, § 321a Rn. 63; *Müller*, NJW 2002, S. 2743, 2744.

dokumentiert ist.[262] Denn § 139 Abs. 4 S. 2 ZPO soll lediglich Beweisaufnahmen zur Frage der Hinweiserteilung im Rechtsmittelverfahren erübrigen helfen, die Norm gehört aber keinesfalls zu dem durch Art. 103 Abs. 1 GG verfassungsrechtlich gewährleisteten Minimalstandard einer gerichtlichen Hinweispflicht. Zudem sollte das Gericht nicht grundlos gezwungen sein, wider besseres Wissen zu entscheiden – in den vorgenannten Fällen kann eine „unrichtige" Entscheidung, anders als im Berufungsverfahren, nicht durch eine zu erzielende Verfahrensbeschleunigung gerechtfertigt werden. Einer mündlichen Verhandlung bedarf es also bei unbegründeter Gehörsrüge in der Regel nicht. Sie kommt – außer bei Fortsetzung des Verfahrens nach begründeter Gehörsrüge – nur in denjenigen Fällen in Betracht, in denen es einer Beweisaufnahme bedarf.

c) Fraglich ist ferner, ob für die Begründetheitsprüfung im Rügeverfahren die Amtsermittlungs-[263] oder die Verhandlungsmaxime gilt, so daß den Rügeführer wie sonst auch die Darlegungs- und Beweislast für die gerügte Rechtsverletzung und ihre Entscheidungserheblichkeit träfe.[264] Für die Geltung der Amtsermittlungsmaxime wird angeführt, das Gericht sei in jedem Stadium des Verfahrens zur Behebung des in der Gehörsverletzung liegenden Grundrechtsverstoßes verpflichtet. Es dürfe eigenes Versagen nicht der betroffenen Partei zur Last legen, indem es eine selbst verursachte Unaufklärbarkeit entscheidungserheblicher Umstände auf sie abwälze.[265] Indes liegt dem Zivilprozeß schon um seiner Funktionalität willen der Beibringungsgrundsatz zugrunde und eine das Rügeverfahren betreffende abweichende Bestimmung, wie sie z. B. in § 616 ZPO für Ehesache vorgesehen ist, fehlt. Auch für das Berufungsverfahren besteht keine Amtsermittlungspflicht hinsichtlich Gehörsverletzungen. Es gibt keinen plausiblen Grund, eine Partei, die auf ein Urteil im vereinfachten Verfahren gem. § 495a ZPO hin eine Gehörsrüge gemäß § 321a ZPO erhebt, besser zu behandeln, als eine Partei, die gegen ein im Regelverfahren ergangenes Urteil Berufung einlegt und sich zur Begrün-

[262] Vgl. *Hinz,* WM 2002, S. 3, 8; *Hannich/Meyer-Seitz/Engers,* ZPO-Reform 2002, § 321a Rn. 63; *Müller,* NJW 2002, S. 2743, 2744.
[263] So Zöller/*Vollkommer*, ZPO, 24. Aufl., § 321a ZPO Rn. 17.
[264] So wohl *Schmidt,* MDR 2002, S. 915, 916f.
[265] Zöller/*Vollkommer,* ZPO, 24. Aufl., § 321a Rn. 17.

dung derselben auf eine Gehörsverletzung beruft. Es gilt also hier wie dort die Verhandlungsmaxime.

Wenn es sich um Fragen der Begründetheit handelt, gilt ferner der Grundsatz des Strengbeweises.[266]

Das Gericht entscheidet wie oben erwähnt auch diesbezüglich durch einen kurz zu begründenden Beschluß. Die ohne Rücksicht auf die Unanfechtbarkeit des Beschlusses angeordnete Begründungspflicht beruht auf der mit der Einführung des § 321a ZPO verbundenen Intention des Gesetzgebers, nämlich u. a. das Bundesverfassungsgericht zu entlasten. Eine kurze, die wesentlichen Gesichtspunkte aber dennoch vollständig enthaltende Begründung seiner Entscheidung seitens des Ausgangsgerichts erspart dem Bundesverfassungsgericht zwar nicht die eigene Sachprüfung, kann diese aber erheblich erleichtern. Der Effekt läßt sich mit den Folgen eines ordnungsgemäß abgefaßten erstinstanzlichen Urteils für das Berufungsgericht vergleichen. Zweckmäßig im Sinne des Gesetzgebers ist es deshalb, die wesentlichen tatsächlichen Gesichtspunkte, wo das möglich ist, auch an Schriftsätzen festzumachen und mit Blattzahlen zu benennen sowie wesentliche rechtliche Gesichtspunkte mit Zitaten zu belegen.

4. Die Hemmung der Rechtskraft, § 705 S. 2 ZPO

Die Einlegung der Gehörsrüge hemmt gemäß § 705 S. 2 ZPO die formelle Rechtskraft des Urteils, so daß der Titelgläubiger auf die vorläufige Vollstreckbarkeit angewiesen sind. Die Hemmung bleibt bestehen, bis das erstinstanzliche Gericht über die Rüge entschieden hat.[267] Im übrigen tritt die formelle Rechtskraft gemäß § 705 S. 1 ZPO nicht vor Ablauf der Rügefrist gemäß § 321a Abs. 2 S. 2 und 3 ZPO ein. Insofern gilt das gleiche, was für die Einlegung von Rechtsmitteln gilt.

[266] *Schmidt,* MDR 2002, S. 915, 917. § 284 ZPO i. d. F. des Justizmodernisierungsgesetzes wird insofern im Einverständnis mit den Parteien Ausnahmen erlauben.
[267] Baumbach/Lauterbach/Albers/*Hartmann,* ZPO, 62. Aufl., § 705 Rn. 12.

5. Die einstweilige Einstellung der Zwangsvollstreckung, §§ 321a Abs. 6, 707 Abs. 1 S. 1 und Abs. 2 ZPO

Gemäß § 321a ZPO Abs. 6 in Verbindung mit § 707 Abs. 1 S. 1, Abs. 2 ZPO kann das Gericht auf Antrag die einstweilige Einstellung der Zwangsvollstreckung anordnen. Daß dieser Umstand einen Anreiz für die Einlegung mißbräuchlicher Gehörsrügen abgeben könnte,[268] ist nicht ersichtlich. Denn bei offensichtlicher Unzulässigkeit bzw. Unbegründetheit der Gehörsrüge, wie sie in Mißbrauchsfällen vorläge, kann eine Entscheidung über die Gehörsrüge den oben entwickelten Grundsätzen entsprechend schneller getroffen werden als eine Entscheidung über die einstweilige Einstellung der Zwangsvollstreckung, zu der dem Gegner Gehör zu gewähren wäre.

6. Die Folgen für § 713 ZPO

Für die Anwendbarkeit des § 713 ZPO ohne Rücksicht auf die Möglichkeit der Erhebung einer Gehörsrüge spricht der Wortlaut der Norm. § 713 ZPO setzt nämlich wie § 321a ZPO voraus, daß ein Rechtsmittel gegen das Urteil nicht statthaft ist. Die Gehörsrüge gemäß § 321a ZPO selbst ist weder nach ihrer Systematik noch nach ihren Rechtsfolgen ein Rechtsmittel im Sinne der Zivilprozeßordnung, denn es mangelt ihr am Devolutiveffekt.[269]

Indes könnte man eine den Rechtsmitteln entsprechende Behandlung der Gehörsrüge mit Rücksicht auf den Normzweck erwägen, denn § 713 ZPO dient dazu, die vollstreckungsrechtlichen Nachteile der in den §§ 711, 712 ZPO vorgesehenen Schutzanordnungen zugunsten des Schuldners für den Gläubiger auf das unbedingt notwendigen Maß zu beschränken. Schutzanordnungen sind jedoch nur erforderlich, wenn ein Rechtsbehelf nicht nur überhaupt vorgesehen, sondern auch statthaft ist und deshalb eine Abänderung der betreffenden Entscheidung in Betracht kommt. Man könnte die Gehörsrüge insofern der Anschließung gleichstellen.[270]

[268] So aber die Befürchtung von *Müller,* NJW 2002, S. 2743, 2744.

[269] Zum Begriff des Rechtsmittels und seinen Merkmalen Zöller/*Gummer/Heßler,* ZPO, 24. Aufl., Vor § 511 Rn. 3 f.

[270] Vgl. dazu jeweils Baumbach/Lauterbach/Albers/*Hartmann,* ZPO, 62. Aufl., § 713 Rn. 2 a. E.; Zöller/*Herget,* ZPO, 24. Aufl., § 713 Rn. 3.

Dagegen spricht allerdings, daß § 713 ZPO damit in seinem Anwendungsbereich ganz erheblich verkürzt würde, weil die unter die Berufungssumme gemäß § 511 Abs. 2 ZPO fallenden Urteile ausschieden. Im übrigen ist die Gehörsrüge mit einem Rechtsmittel schon wegen ihres eng begrenzten Gegenstandes nicht vergleichbar: Auf eine zulässige Gehörsrüge hin wird nur die Beachtung des Art. 103 Abs. 1 GG in Verfahren und Entscheidung geprüft. Eine Abänderung der Entscheidung ist dabei wesentlich weniger wahrscheinlich als bei einer tatsächlichen sowie materiell- und prozeßrechtlichen Überprüfung, wie sie im Rahmen eines Rechtsmittels stattfindet. Schließlich fanden auch die bisher an Stelle der Gehörsrüge bejahten Möglichkeit außerordentlicher Rechtsmittel und die Möglichkeit der Verfassungsbeschwerde in Zusammenhang mit § 713 ZPO keine Berücksichtigung.

Somit ist § 713 ZPO ohne Rücksicht auf die Möglichkeit einer Gehörsrüge gemäß § 321a ZPO anzuwenden, wenn ein Rechtsmittel gegen die betreffende Entscheidung im Hinblick z. B. auf § 511 Abs. 2 ZPO unzweifelhaft nicht statthaft ist.

VII. Die anfallenden Gebühren und Kosten

Wird die Gehörsrüge als unstatthaft bzw. unzulässig verworfen oder als unbegründet zurückgewiesen, entsteht gemäß Nr. 1960 KV GKG bzw. Nr. 5400 KV GKG i. d. seit 1. Juli 2004 geltenden Fassung eine vom Streitwert unabhängige Festgebühr in Höhe von 50,– EUR. Bei teilweiser Verwerfung oder Zurückweisung fällt die Festgebühr nicht an, auch wenn nach Fortsetzung des Prozesses die angefochtene Entscheidung bestätigt oder gar verschlechtert werden würde.

Sofern im Rahmen des fortgesetzten Prozesses eine Gebührenermäßigung in Betracht kommt, steht das unter Verletzung des rechtlichen Gehörs zuvor ergangene Urteil der Anwendung dieser Tatbestände bei verfassungskonformer Auslegung nicht entgegen,[271] jedenfalls wären die weiteren Gebühren unter den zusätzlichen Voraussetzungen des § 8 GKG bzw. § 21 GKG i. d. seit 1. Juli 2004 geltenden Fassung wegen unrichtiger Sachbehandlung niederzuschlagen.[272]

[271] So auch *N. Schneider,* NJW 2002, S. 1094, 1095.
[272] *N. Schneider,* NJW 2002, S. 1094, 1095.

Hinsichtlich der Vergütung eines eingeschalteten Rechtsanwalts ist kommt es sowohl nach altem als auch nach neuem Recht darauf an, ob dieser als Prozeßbevollmächtigter oder lediglich für das Verfahren der Gehörsrüge mandatiert worden ist. Für den Prozeßbevollmächtigten zählt die Gehörsrüge gemäß § 37 Nr. 5 BRAGO bzw. § 19 Abs. 1 S. 2 Nr. 5 RVG zur Gebühreninstanz, so daß gesonderte Gebühren nicht anfallen. Im Falle einer Fortsetzung des Verfahrens auf die Gehörsrüge hin ist auch die Fortsetzung gemäß § 13 Abs. 2 S. 1 BRAGO bzw. § 15 Abs. 2 S. 1 RVG Teil der Gebühreninstanz.[273] Im Rahmen des fortgesetzten Verfahrens können allerdings weitere Gebührentatbestände ausgelöst werden, z. B. bei vergleichsweiser Beendigung des Rechtsstreits.

Ist der Rechtsanwalt ausschließlich für Gehörsrüge mandatiert worden, richten sich seine Gebühren nach § 55 BRAGO bzw. VV RVG 3330. Nach altem Recht steht dem Prozeßbevollmächtigten eine 3/10 Gebühr zu, die sich bei mehreren Auftraggebern gemäß § 6 BRAGO entsprechend erhöht. Nach neuem Recht erhält er 0,5 der Gebühr, die sich gemäß VV RVG 1008 um 0,3 für jede Person erhöht.[274]

Bei Erweiterung eines zunächst beschränkt auf das Verfahren der Gehörsrüge erteilten Auftrages hinsichtlich des (fortgesetzten) Hauptsacheverfahrens hat eine Anrechnung stattzufinden.

VIII. Das Verhältnis der Gehörsrüge zu anderen Rechtsbehelfen

Fraglich ist schließlich insbesondere mit Rücksicht auf die jüngst zu dieser Frage ergangene Entscheidung des Bundesgerichtshofes[275] das Verhältnis der Gehörsrüge gemäß § 321a ZPO zu anderen Rechtsbehelfen.

[273] *N. Schneider,* NJW 2002, S. 1094; zum RVG: Hartmann, KostG, 34. Aufl., § 19 RVG Rn. 22.

[274] Vgl. Hartmann, KostG, 34. Aufl., § 19 RVG Rn. 22 und VV 3330 Rn. 1 ff.

[275] BGH NJW 2002, S. 1577.

1. Die außerordentliche Berufung, § 513 Abs. 2 ZPO a. F. analog

Die außerordentliche Berufung analog § 513 Abs. 2 ZPO a. F. bzw. § 514 Abs. 2 ZPO n. F. wurde als Notbehelf für die Fälle von an sich unanfechtbaren erstinstanzlichen Urteilen, die auf Verletzungen des Anspruch auf Gewährung rechtlichen Gehörs (Art. 103 Abs. 1 GG) beruhten, erörtert.[276] Die für eine Analogie notwendige Regelungslücke wurde also darin gesehen, daß die Zivilprozeßordnung keinen Rechtsbehelf zur Korrektur unanfechtbarer erstinstanzlicher Entscheidungen bei Verletzungen des Anspruchs auf Gewährung rechtlichen Gehörs vorsah. Davon kann jedoch nach Einführung des § 321a ZPO in dieser Allgemeinheit nicht mehr die Rede sein.

Allerdings stellt sich das Problem im Hinblick auf den oben näher ausgeführten begrenzten Gegenstand des § 321a ZPO: Soweit nämlich keine Verletzung des Art. 103 Abs. 1 GG in Rede steht, sondern ausschließlich die Verletzung eines anderen Verfahrensgrundrechts, greift § 321a ZPO weder unmittelbar noch entsprechend ein. Diesbezüglich ist jedoch zu berücksichtigen, daß eine Regelungslücke, soll sie mittels einer Analogie geschlossen werden, planwidrig sein muß. Weil aber der Gesetzgeber ausweislich der Motive bewußt auf eine umfassende Regelung verzichtet hat[277] und auch einem entsprechenden Vorschlag *Musielaks*[278] nicht gefolgt ist, liegt insoweit keine Planwidrigkeit vor.

Demnach scheidet eine analoge Anwendung des § 513 Abs. 2 ZPO a. F. bzw. § 514 Abs. 2 n. F. in der Zukunft aus.[279]

[276] Dazu LG Aachen MDR 1992, S. 899; LG Berlin JurBüro 1992, S. 567; LG Frankfurt NJW 1985, S. 1171; LG Hamburg WuM 1992, S. 124; LG Kiel AnwBl. 1984, S. 502; LG Zweibrücken JZ 1989, S. 51; Zöller/*Gummer,* ZPO, 22. Aufl., § 513 Rn. 5.

[277] BT-Drucks. 14/4722, S. 156; abgedruckt bei *Hannich/Meyer-Seitz/Engers,* Die ZPO-Reform, S. 277.

[278] NJW 2002, S. 2769, 2776.

[279] Anders *Schneider,* AnwBl. 2002, S. 620, 623.

2. Die außerordentliche Beschwerde

Fraglich ist, welche Folgen die Einführung der Gehörsrüge gem. § 321a ZPO auf die zuvor erwogene, vom Bundesgerichtshof allerdings ohnehin kaum einmal zugelassene außerordentliche Beschwerde wegen greifbarer Gesetzeswidrigkeit hat.

In der bereits angesprochenen neuen Entscheidung des BGH[280] heißt es insoweit, daß es nunmehr an einer planwidrigen Regelungslücke fehle. Denn der Gesetzgeber habe die Problematik der Verletzung von Verfahrensgrundrechten gesehen und mit § 321a ZPO Abhilfe geschaffen. Für das Revisionsverfahren habe er mit § 543 Abs. 2 Nr. 1 ZPO einen neuen Zulassungsgrund eingeführt, der auch die Verletzung von Verfahrensgrundrechten umfassen solle. Dagegen habe der Gesetzgeber für das Rechtsbeschwerdeverfahren hiervon bewußt abgesehen. Dies gelte es zu respektieren. Das begegne selbst dann keinen durchgreifenden verfassungsrechtlichen Bedenken, wenn man aus den Verfahrensgrundrechten auch die Notwendigkeit einer zivilprozessualen Korrekturmöglichkeit ableite, weil auf eine Gegenvorstellung hin eine Selbstkorrektur durch den iudex a quo möglich sei. Eine Bindung nach § 318 ZPO sei dann nicht gerechtfertigt, wenn der betreffende Beschluß unter Verletzung eines Verfahrensgrundrechts zustande gekommen sei.

Danach kommt eine außerordentliche Beschwerde fortan weder im Anwendungsbereich des § 321a ZPO in Betracht, noch außerhalb desselben.[281] Ob allerdings die hinsichtlich des Schutzes von Verfahrensgrundrechten bei unanfechtbaren Beschlüssen bestehende Lücke durch die Möglichkeit einer befristeten Gegenvorstellung geschlossen werden kann, ist fraglich. Ausschlaggebend ist an dieser Stelle jedenfalls wiederum der gesetzgeberische Wille, und der steht einer außerordentlichen Beschwerde nach Einführung nicht nur der Gehörsrüge gemäß § 321a ZPO, sondern auch der Zulassungsrevision sowie nach den Regeln über die Zulassung der Rechtsbeschwerde (§§ 543 Abs. 2

280 NJW 2002, S. 1577.

281 Der Entscheidung des BGH folgen auch OLG Frankfurt a.M., NJW-RR 2003, S. 140ff. (zu Beschlüssen gem. § 769 ZPO) und OLG Köln, NJW-RR 2003, S. 374 (für das WEG-Verfahren). Offen läßt das hingegen BayObLG, FGPrax 2002, S. 218f. (für das FGG-Verfahren allgemein).

Nr. 2, 544, 576 Abs. 2 Nr. 2 ZPO) entgegen. Der Gesetzgeber hat sich bewußt gegen eine darüber hinausgehende Regelung entschieden. Die außerordentliche Beschwerde wegen greifbarer Gesetzeswidrigkeit ist dementsprechend nach Reform der Zivilprozeßordnung unstatthaft.

Die Verfasser des Entwurfs des Anhörungsrügengesetzes vom 28. April 2004 sind unzutreffend bzw. ohne Rücksicht auf die Rechtsprechung des Bundsgerichthofes davon ausgegangen, daß nach bisherigem Recht § 321a ZPO der außerordentliche Beschwerde nicht entgegenstehe. Dies vermag aber auch für die Zukunft eine planwidrige Regelungslücke, die Voraussetzung einer Analogie wäre, nicht zu begründen, und einer erweiternden Auslegung des Beschwerderechts im Hinblick auf diese Vorstellungen des Gesetzgebers stünde der Wortlaut der betreffenden Bestimmungen entgegen. Die Verfasser des Entwurfs vom 28. April 2004 haben verkannt, daß es einer entsprechenden gesetzlichen Regelung bedarf; über außerordentliche Rechtsbehelfe läßt sich das Problem nach Einführung des § 321a ZPO nicht mehr lösen.[282]

3. Die Gegenvorstellung

Wie bereits erläutert kommt der Gegenvorstellung insbesondere hinsichtlich ansonsten unanfechtbarer Beschlüsse erhebliche Bedeutung zu. Denn der Bundesgerichtshof[283] hat die Unzulässigkeit einer außerordentlichen Beschwerde wegen greifbarer Gesetzeswidrigkeit nach der ZPO-Reform u.a. damit begründet, daß eine befristete Gegenvorstellung die gerichtliche Selbstkorrektur solcher Beschlüsse erlaube, die unter Verstoß gegen Verfahrensgrundrechte ergangen seien. Die Verfahrensgrundrechte erzwängen insoweit eine Einschränkung der Bindungswirkung.

Lipp stimmt dem Bundesgerichtshof zwar grundsätzlich zu, hält aber auch insoweit eine Gehörsrüge analog § 321a ZPO für zweckmäßiger.[284] Dieser Analogie steht jedoch – wie schon mehrfach in verschiedenen Zusammenhängen erwähnt – der eindeutige gesetzgeberi-

[282] Vgl. *Nassall,* ZRP 2004, S. 164, 168.
[283] NJW 2002, S. 1577; vgl. zuletzt BGH, NJW 2004, S. 2529f.
[284] Vgl. NJW 2002, S. 1700, 1701f.

sche Wille entgegen.[285] Will man den Verfahrensgrundrechten bei der Auslegung und Anwendung der Zivilprozeßordnung ausreichend Geltung verschaffen und versteht man die Verfahrensgrundrechte auch als Gewährleistung einer Korrekturmöglichkeit,[286] bleibt de lege lata neben der Gehörsrüge in ihrem unmittelbaren Anwendungsbereich nur die Gegenvorstellung.

Allerdings ergeben sich insofern mit Rücksicht auf die oben in Zusammenhang mit der Entstehungsgeschichte erläuterten gesetzgeberischen Erwägungen zu den §§ 321a, 543 Abs. 2 Nr. 2, 544, 574 Abs. 2 Nr. 2 ZPO verschiedene Einschränkungen: Mit der Gegenvorstellung können nur unanfechtbare Beschlüsse angegriffen werden, die nicht auf eine sofortige Beschwerde hin ergangen sind.[287] Ein Beschluß gemäß § 522 Abs. 2 ZPO kann ebenfalls nicht mit der Gegenvorstellung angegriffen werden. Schließlich muß es bei der bisher befürworteten Einschränkung bleiben, daß kein Anspruch auf Bescheidung einer Gegenvorstellung besteht,[288] weil diese sonst zu sehr einem vom Gesetzgeber nicht gewollten Rechtsmittel bzw. der Gehörsrüge angenähert wäre.

Auch das Bundesverfassungsgericht hat dementsprechend für die Rechtslage vor wie nach Einführung der Gehörsrüge zwar eine Regelungslücke festgestellt, es aber unter Hinweis auf die gesetzgeberischen Vorstellungen in Zusammenhang mit der Reform der Zivilprozeßordnung sowie das gesetzgeberische Ermessen bei der Ausgestaltung des Rechtsbehelfssystems dabei belassen. Erst für den Fall fruchtlosen Fristablauf hat es die Zulassung einer befristeten Gegenvorstellung angeordnet. Die Regelungslücke kann nicht im Vorgriff hierauf mittels einer Analogie zu § 321a ZPO oder durch Zulassung der Gegenvorstellung in weiterem Umfang als bisher geschlossen werden.[289]

285 Vgl. BT-Drucks. 14/4722, S. 156; abgedruckt bei *Hannich/Meyer-Seitz/Engers*, Die ZPO-Reform, S. 277.

286 So Beschluß des BVerfG v. 16. Januar 2002, 1 BvR 10/99, NJW 2003, S. 1924ff. (zu Art. 103 Abs. 1 GG in Verbindung mit dem Justizgewährungsanspruch).

287 Anders BGH, NJW 2004, S. 2529f.; OLG Sachsen-Anhalt, NJW-RR 2003, S. 353f.; OLG Hamm, MDR 2003, S. 296.

288 Vgl. OLG München ZStW 1980; S. 217; Zöller/*Gummer*, ZPO, 24. Aufl., § 567 Rn. 23 m.w.N.

289 Vgl. BVerfG NJW 2003, S. 1924ff. Daher unzutreffend BGH, NJW 2004, S. 2529f.

Dementsprechend ist dem Bundesgerichtshof zwar dahingehend zu folgen, daß die außerordentliche Beschwerde fortan nicht mehr statthaft ist, nicht aber weiter, daß der umfassende Schutz der Verfahrensgrundrechte über den neu eingeführten § 321a ZPO hinaus im Wege der Zulassung einer befristeten Gehörsrüge gewährleistet werden kann. Vielmehr besteht die Möglichkeit einer Gegenvorstellung nur in sehr begrenztem Umfang, nämlich bei Beschlüssen, denen von vornherein keine Bindungswirkung zukommt. Das gilt z. B. für die unanfechtbaren Beschlüsse gemäß den §§ 707, 719 und § 769 ZPO, denn hier ist dem Gericht – wie vor der ZPO-Reform – jederzeit die Abänderung seiner Entscheidung möglich.[290] Die vom Bundesgerichtshof befürwortete Befristung macht insofern keinen Sinn, sondern nur dann, wenn man einen erheblich weiteren Anwendungsbereich der Gegenvorstellung bejahte.

4. Die Verfassungsbeschwerde gemäß Art. 93 Abs. 1 Nr. 4a GG, §§ 13 Nr. 8a, 90ff. BVerfGG

Als Rechtsbehelf nationalen Rechts verbleibt schließlich die Verfassungsbeschwerde zum Bundesverfassungsgericht gemäß Art. 93 Abs. 1 Nr. 4a GG in Verbindung mit den §§ 13 Nr. 8a, 90ff. BVerfGG, wobei allerdings die vorherige Erschöpfung des Rechtsweges Voraussetzung ist, und zwar einschließlich der Gehörsrüge. Denn § 90 Abs. 2 S. 1 BVerfGG erfordert nicht nur das Einlegen sämtlicher statthafter Rechtsmittel, vielmehr müssen auch sonstige Rechtsbehelfe ergriffen werden. Daß es sich bei der Gehörsrüge nach ihrer Systematik und Wirkung nicht um ein Rechtsmittel handelt, schadet dementsprechend in diesem Zusammenhang nicht.

Hinzu kommt, daß oftmals im Rügeverfahren die Gewährung rechtlichen Gehörs nachgeholt werden wird.

Auch Beschwerden zu den Landesverfassungsgerichten kommen in Betracht, soweit die jeweils geltende Landesverfassung den Anspruch

[290] Vgl. Zöller/*Herget,* ZPO, 24. Aufl., § 707 Rn. 22 (u. a. zur jederzeitigen Abänderungsbefugnis) und § 769 Rn. 13 (zur analogen Anwendung des § 707 Abs. 2 S. 2 ZPO).
Nach OLG Frankfurt a. M., NJW-RR 2003, S. 140ff. sind Beschlüsse gem. § 769 ZPO auch nach der ZPO-Reform nicht anfechtbar, eine Abänderung sei aber im Abhilfeverfahren auch auf eine unzulässige Beschwerde hin möglich.

auf Gewährung rechtlichen Gehörs verbürgt und das Landesrecht eine solche Beschwerde vorsieht. Daß die Zivilprozeßordnung ein höherrangiges Bundesgesetz ist, steht dem nicht entgegen, weil es in der Regel um eine Unachtsamkeit bei der Rechtsanwendung und nicht um gegen den Anspruch auf rechtliches Gehörs verstoßendes Bundesrecht geht. Anderes gilt lediglich, soweit eine bestimmte Auslegung des Bundesrechts gerügt wird: Prüfungsmaßstab ist dann mit Rücksicht auf die Normenhierarchie ausschließlich das Bundesrecht. Ein gegen den Anspruch auf rechtliches Gehör verstoßendes Verhalten eines Zivilgerichts kann somit jedenfalls grundsätzlich ebenfalls am Landesverfassungsrecht gemessen werden.

5. Die Beschwerde zum Europäischen Gerichtshof für Menschenrechte, Art. 25 EMRK

Darüber hinaus kann, wenn zuvor der nach nationalem Recht bereitstehende Rechtsweg, und zwar einschließlich der Gehörsrüge und einer Verfassungsbeschwerde, erschöpft wurde, gestützt auf Art. 6 Abs. 1 EMRK eine Beschwerde zum Europäischen Gerichtshof für Menschenrechte erhoben werden, Art. 25 EMRK.

IX. Zusammenfassung der Untersuchungsergebnisse

1.

Mit der Gehörsrüge gemäß § 321a ZPO hat der Gesetzgeber zum einen die Schaffung einer Möglichkeit zivilgerichtlicher Selbstkorrektur bei Verletzungen des rechtlichen Gehörs schaffen wollen, zum anderen sollte das Bundesverfassungsgerichts entlastet werden.

Allerdings sollte damit der Rechtsschutz gegen Verfassungsverletzungen nicht in das Uferlose ausgedehnt werden.

2.

Die Gehörsrüge ist deshalb nur statthaft gegen solche Urteile, die wegen § 511 Abs. 2 ZPO unanfechtbar sind, nicht dagegen gegenüber anderen als erstinstanzlichen Urteilen oder unanfechtbaren Beschlüssen. Einer hierüber hinausgehenden Ausdehnung des Anwendungsbereichs der Gehörsrüge steht der eindeutige Wille des Gesetzgebers entgegen.

Im Zuge des Anhörungsrügengesetzes ist eine Erweiterung des Anwendungsbereiches des § 321a ZPO dahingehend beabsichtigt, daß zukünftig nicht mehr nur erstinstanzliche Urteile angefochten werden können, sondern sämtliche Entscheidungen, gegen die kein Rechtsmittel zulässig ist. Allerdings sollen darüber hinaus die Zulassungsgründe für Revision und Rechtsbeschwerde entsprechend erweitert werden, so daß in weiterem Umfang als bisher Rechtsmittel zur Verfügung stehen. Dementsprechend wird der Anwendungsbereich der Gehörsrüge begrenzt bleiben.

3.

Die Gehörsrüge wird durch Einreichung einer Rügeschrift beim Ausgangsgericht erhoben. Diese Rügeschrift muß denjenigen Prozeß bezeichnen, dessen Fortführung begehrt wird, und die Darlegung der gerügten entscheidungserheblichen Gehörsverletzung enthalten. Allzu hohe formelle Anforderungen sind an den Inhalt der Rügeschrift jedoch nicht zu stellen. Insbesondere ist die Schlüssigkeit keine Frage der Zulässigkeit der Rüge.

4.

Die Gehörsrüge ist innerhalb einer zweiwöchigen Notfrist anzubringen, die allerdings erst mit der Zustellung des in vollständiger Form abgefaßten Urteils in Lauf gesetzt wird.

Die §§ 517, 548 ZPO sind nicht entsprechend anzuwenden. Im Falle mangelnder Zustellung wird die Frist nicht in Lauf gesetzt, es kann allenfalls Verwirkung eintreten.

Im Rahmen des Anhörungsrügengesetzes ist eine Ergänzung des § 321a Abs. 2 ZPO beabsichtigt, nach der die Notfrist spätestens fünf Monate nach Verkündung der Entscheidung bzw. ihrer Übergabe an die Geschäftsstelle beginnen soll.

5.

Rügeberechtigt ist nur, wer beschwert ist. Mangels Rechtsschutzbedürfnisses scheidet eine Gehörsrüge aus, wenn eine Korrektur durch Berichtigung wegen offenbarer Unrichtigkeit (§ 319 ZPO), Tatbestandsberichtigung (§ 320 ZPO) oder Urteilsergänzung (§ 321 ZPO) in Betracht kommt.

6.

Gegenstand der Gehörsrüge sind allein Verletzungen des Anspruchs auf Gewährung rechtlichen Gehörs gemäß Art. 103 Abs. 1 GG; Verletzungen anderer Verfahrensgrundrechte – insbesondere der Anspruch auf prozessuale Waffengleichheit und des Willkürverbots gemäß Art. 3 Abs. 1 GG sowie des Anspruch auf ein faires Verfahren kommen hier in Betracht – lassen sich in der Regel unter Art. 103 Abs. 1 GG subsumieren, jedenfalls soweit sie in Zusammenhang mit der Anwendung solcher Normen der Zivilprozeßordnung stehen, die das rechtliche Gehör zu schützen bestimmt sind, wie z. B. der §§ 139, 156, 227, 283, 296 ZPO.

Dagegen sind weder Verletzungen ausschließlich anderer Verfahrensgrundrechte noch Verletzungen ausschließlich der richterlichen Hinweispflicht gemäß § 139 ZPO Gegenstand der Gehörsrüge. Auch insoweit ist die gesetzgeberische Entscheidung für einen eingeschränkten Anwendungsbereich des § 321a ZPO zu respektieren.

An dem begrenzten Gegenstand der Gehörsrüge soll sich nach dem Entwurf des Anhörungsrügengesetzes vom 28. April 2004 nichts ändern.

7.

Die gerügte Gehörsverletzung muß insofern entscheidungserheblich sein, als nicht ausgeschlossen können werden darf, daß das Gericht bei Gewährung des rechtlichen Gehörs zu einer anderen, für den Rügeführer günstigeren Entscheidung gekommen wäre. Feststehen muß der günstigere Ausgang des Rechtsstreits indes nicht.

8.

Im Rahmen des unselbständigen Annexverfahrens über die Gehörsrüge ist zwar grundsätzlich dem Gegner Gehör zu gewähren. Mangels Beschwer bedarf es dessen jedoch nicht, wenn das Gericht die Rüge als unstatthaft bzw. unzulässig verwirft oder sie ohne weiteres wegen fehlender Begründetheit zurückweist.

9.

Die Entscheidung erfolgt in den Fällen einer Verwerfung oder Zurückweisung durch unanfechtbaren Beschluß, der lediglich einer sehr knappen Begründung unter Nennung der wesentlichen Gesichtspunkte bedarf. Das eventuell später angerufene Bundesverfassungsgericht muß der Begründung nur entnehmen können, weshalb die Gehörsrüge nach Ansicht des Gerichts keinen Erfolg hat.

10.

Die Erhebung der Gehörsrüge führt gemäß § 705 S. 2 ZPO zur Hemmung der Rechtskraft.

Darüber hinaus kann gemäß § 321a Abs. 6 ZPO in Verbindung mit § 707 Abs. 1 S. 1, Abs. 2 ZPO die einstweilige Einstellung der Zwangsvollstreckung begehrt werden. Der entsprechende Beschluß ist zwar grundsätzlich nicht anfechtbar, kann aber von dem Ausgangsgericht z.B. auf eine Gegenvorstellung hin jederzeit abgeändert werden.

Die Gehörsrüge gemäß § 321a ZPO ist kein Rechtsmittel und bleibt in Zusammenhang mit § 713 ZPO außer Betracht.

11.

Im Rahmen der Begründetheit der Gehörsrüge bedarf es hinsichtlich der erheblichen Tatsachen des Strengbeweises. Es gilt jedoch nicht die Untersuchungsmaxime. Auch trifft den Rügeführer die Beweislast.

Bezüglich der Statthaftigkeits- und Zulässigkeitsprüfung ist § 56 ZPO zu beachten.

12.

Ist die Rüge begründet, kann das Verfahren ohne weiteres, d. h. ohne klarstellenden Beschluß, fortgesetzt werden. Es gilt dasjenige, was für das Säumnisverfahren nach einem zulässigen Einspruch gilt. Auch der schließlich ergehende Urteilstenor ist entsprechend abzufassen (§ 343 ZPO).

Allerdings wird das Verfahren nur hinsichtlich des Rügegegenstandes fortgesetzt. Dies wird durch das beschlossene Justizmodernisierungsgesetz klargestellt.

13.

An Gerichtskosten fällt eventuell die pauschale Unterliegensgebühr von 50,– EUR an, an Rechtsanwaltsgebühren nach altem Recht 3/10 einer Gebühr, nach neuem Recht 5/10 einer Gebühr. Letzteres gilt jedoch nur dann, wenn der Rechtsanwalt nicht auch Prozeßbevollmächtigter hinsichtlich der Hauptsache war.

14.

Nach Einführung der Gehörsrüge scheiden außerordentliche Berufung analog § 513 Abs. 2 ZPO und außerordentliche Beschwerde wegen greifbarer Gesetzeswidrigkeit aus. Außerhalb des begrenzten Anwendungsbereichs des § 321a ZPO kommt lediglich die Gegenvorstellung in Betracht. Allerdings gilt das nicht für unanfechtbare Beschlüsse auf eine sofortige Beschwerde hin sowie für Beschlüsse gemäß § 522 Abs. 2 ZPO. Vielmehr ist eine Gegenvorstellung nur bei unverbindlichen unanfechtbaren Beschlüssen zulässig. Außerdem besteht kein Anspruch auf Bescheidung der Gegenvorstellung.

Daran vermag auch das Anhörungsrügengesetz i. d. F. vom 28. April 2004 nichts zu ändern.

Verfassungsbeschwerden und Beschwerden zum Europäischen Gerichtshof für Menschenrechte erfordern im Rahmen der notwendigen Rechtswegerschöpfung in Zukunft auch die vorherige Erhebung einer statthaften Gehörsrüge.

Anhang

I. Prüfungsschema (mit Rechtsprechungs- und Literaturhinweisen)

1. Statthaftigkeit der Gehörsrüge, § 321a Abs. 1 Nr. 1 ZPO

– nach zutreffender Auffassung keine Anwendung auf andere Entscheidungen als wegen § 511 Abs. 2 ZPO unanfechtbare erstinstanzliche Entscheidungen (zu Berufungsurteilen: OLG Oldenburg, MDR 2003, S. 229f., zu Beschlüssen gemäß § 522 Abs. 2 ZPO: OLG Rostock, NJW 2003, 2105f.; im übrigen: Zöller/Vollkommer, ZPO, 24. Aufl., § 321a Rn. 4)

– nach anderer Auffassung analoge Anwendung auf andere unanfechtbare Entscheidungen, z. B. auf Berufungsurteile (vgl. BGH, NJW 2004, S. 2529f.; OLG Celle, MDR 2003, S. 593; OLG Jena, NJW 2003, S. 3495f.) und auf Beschlüsse gemäß § 522 Abs. 2 ZPO (vgl. OLG Celle, NJW 2003, S. 906f.; OLG Frankfurt a. M., NJW 2004, S. 165ff.)

2. Zulässigkeit der Gehörsrüge

a) Form- und fristgerechte Rügeschrift, § 321a Abs. 2 Nr. 1 und 2 ZPO

b) Allgemeine Verfahrensvoraussetzungen bezüglich der Rüge und des Rügeführers im übrigen

c) Beschwer, § 321a Abs. 1 S. 1 ZPO

d) Rechtschutzbedürfnis

– besteht nur, sofern und soweit andere Korrekturmöglichkeiten (§§ 319, 321 ZPO) nicht zur Verfügung stehen (Baumbach/Lauterbach/Albers/Hartmann, ZPO, 62. Aufl., § 321a Rn. 5ff.)

3. Begründetheit der Gehörsrüge, § 321a Abs. 1 Nr. 2 ZPO

a) Verletzung des Anspruchs auf Gewährung rechtlichen Gehörs, Art. 103 Abs. 1 GG

Gegenstand der Gehörsrüge:

– nach zutreffender Auffassung sind weder Verletzung nur der richterlichen Hinweispflicht gemäß § 139 ZPO noch Verletzung ausschließlich anderer Verfahrensgrundrechte ausreichend, sondern es bedarf der Verletzung zumindest auch des Art. 103 Abs. 1 GG (vgl. zu § 139 ZPO: Rensen, AnwBl. 2002, S. 633, 639; zu anderen Verfahrensgrundrechten: Vollkommer, FS für Schumann, S. 507, 516; Voßkuhle, NJW 2003, S. 2193, 2199)

– nach anderer Ansicht sowohl Anwendung des § 321a ZPO auf Verletzungen nur der richterlichen Hinweispflicht (so Zöller/Vollkommer, ZPO, 24. Aufl., § 139 Rn. 6 und 8) als auch auf andere Verfahrensgrundrechte wie z. B. das Willkürverbot (vgl. BGH, NJW 2004, S. 2529f.; Lipp, NJW 2002, S. 1700, 1702; Müller, NJW 2002, S. 2743, 2747)

Inhalt des Anspruchs auf Gewährung rechtlichen Gehörs:
– Art. 103 Abs. GG gewährleistet keine allgemeine Hinweispflicht der Gerichte, sondern insofern lediglich einen Minimalstandard (vgl. BVerfGE 42, S. 64, 85; BGHZ 85, S. 288, 291; OLG Hamm NJW-RR 1995, S. 956, 957; MünchKomm-ZPO/Peters, 2. Aufl., § 139 Rn. 55f.; MünchKomm-ZPO/Prütting, 2. Aufl., § 278 Rn. 54; Musielak/Stadler, ZPO, 2. Aufl., § 139 Rn. 4; Musielak/Foerste, ZPO, 2. Aufl., § 278 Rn. 8; Stein/Jonas/Leipold, ZPO, 21. Aufl., § 139 Rn. 37 und § 278 Rn. 66)

– es besteht keine verfassungsrechtliche Pflicht zum Rechtsgespräch (str., vgl. BVerfGE 31, S. 364, 370; 54, S. 100, 117; Maunz/Dürig/Schmidt-Aßmann Art. 103 Rn. 78; Schwartz, S. 57ff. und 87f.; Waldner, S. 119ff.; Rensen, Die richterliche Hinweispflicht, S. 248)

– der Anspruch auf Gewährung rechtlichen Gehörs entbindet nicht von der Beachtung der prozessual gebotenen Sorgfalt, er schützt lediglich gegen Anforderungen, die auch von gewissenhaften und kundigen Parteien verfehlt werden könnten (vgl. BVerfG NJW-RR 1996, S. 205; 1994, S. 188, 189; Maunz/Dürig/Schmidt-Aßmann, GG, Art. 103 Rn. 140f.; Musielak/Foerste, ZPO, 2. Aufl., § 278 Rn. 3; Rensen, Die richterliche Hinweispflicht, S. 87, 89f. und 298ff.; Waldner, Aktuelle Probleme des rechtlichen Gehörs im Zivilprozeß, S. 127 ff.)

b) Entscheidungserheblichkeit der Gehörsverletzung, § 321a Abs. 1 Nr. 2 ZPO

– *die gerügte Gehörsverletzung ist bereits dann entscheidungserheblich, wenn nicht ausgeschlossen werden kann, daß das Gericht bei Gewährung rechtlichen Gehörs und entsprechender Berücksichtigung des nunmehr für diesen Fall nachgeholten Vorbringens zu einer anderen Entscheidung gekommen wäre (str., vgl. Zöller/Vollkommer, ZPO, 24. Aufl., § 321a Rn. 10) – erforderlich ist also, daß der Rügeführer neben den Umständen der Gehörsverletzung Umstände vorträgt, die eine abweichende Entscheidung rechtfertigen*

II. Muster

1. Rügeschrift

Rechtsanwalt Dr. Schneider
Musterstraße 5
52525 Heinsberg
Tel. 02452/555555

Heinsberg, den 7. April 2004

An
das Amtsgericht
Heinsberg
– Az. … –

In pp. *(volles Rubrum)*

erhebe ich namens und mit Vollmacht des Beklagten gegen das Verfahren und das am 1. April 2004 verkündete Urteil des Amtsgerichts Heinsberg – Az. … –, das mir am 3. April 2004 gegen Empfangsbekenntnis zugestellt worden ist,

die Gehörsrüge (§ 321a ZPO).

Namens und in Vollmacht des Beklagten wird beantragt,

1. **den Prozeß in der oben genannten Sache fortzuführen,**

2. **die Zwangsvollstreckung aus dem oben genannten Urteil ohne Sicherheitsleistung – hilfsweise gegen Sicherheitsleistung – einstweilen bis zur Entscheidung in der Hauptsache einzustellen.**

Begründung

Zur Statthaftigkeit: *An dieser Stelle muß gegebenenfalls unter Berücksichtigung der Hinweise im Prüfungsschema dargelegt werden, inwiefern die Gehörsrüge statthaft ist, obwohl es sich bei der angegriffenen Entscheidung nicht um ein wegen § 511 Abs. 2 ZPO unanfechtbares erstinstanzliches Urteil handelt.*

Zur Begründetheit:

1. Umstände der Gehörsverletzung

...

2. Rechtliche Würdigung

Durch vorstehendes Verfahren hat das Amtsgericht Heinsberg den verfassungsrechtlich durch Art. 103 Abs. 1 GG verbürgten Anspruch des Beklagten auf Gewährung rechtlichen Gehörs verletzt. Art. 103 Abs. 1 GG erfordert, daß das Gericht die Parteien über die erheblichen tatsächlichen und rechtlichen Umstände informiert, ihnen Gelegenheit zur Äußerung gewährt und die Stellungnahmen der Parteien beachtet und bescheidet. Der Anspruch auf Gewährung rechtlichen Gehörs verbietet Überraschungsentscheidungen und steht überhöhten Anforderungen im Verfahren entgegen.

Vorliegend hat das Amtsgericht, indem es ... *(Bezugnahme auf unter 1. dargestellten Sachverhalt)*, ... *(genau umreißen, inwiefern dadurch die aus Art. 103 Abs. 1 GG folgenden Pflichten unbeachtet geblieben sind)*.

– Im Falle der Verletzung eines anderen Verfahrensrechtes sind stattdessen Ausführungen zur Analogie sowie die weitere rechtliche Würdigung aufzunehmen.

3. Entscheidungserheblichkeit

Die vorstehend dargelegte Gehörsverletzung ist insofern ursächlich für das am 1. April 2004 verkündete Urteil des Amtsgerichts ..., als nicht ausgeschlossen werden kann, daß unter Berücksichtigung der folgenden Umstände anders entschieden worden wäre.

... *(Vorbringen, das ohne Gehörsverletzung eingeführt worden wäre)*.

Ohne Gehörsverletzung wären die vorstehenden Umstände ... *(vortragen, wie das neue Vorbringen, angebracht worden wäre)*.

4. Einstweilige Einstellung der Zwangsvollstreckung

... *(Umstände, die eine Einstellung ohne Sicherheitsleistung begründen)*.

Heinsberg, den 7. April 2004

(Dr. Schneider)

2. Formularbeschluß über die Verwerfung einer unzulässigen Gehörsrüge

In pp. *(volles Rubrum)*

wird die Gehörsrüge des Beklagten vom 7. April 2004 als unzulässig verworfen.

Gründe

( ) Die Gehörsrüge ist nicht statthaft, weil sie sich nicht gegen ein wegen § 511 Abs. 2 ZPO unanfechtbares erstinstanzliches Urteil richtet. Dem Wortlaut des § 321a Abs. 1 Nr. 1 ZPO folgend ist die Gehörsrüge nur gegenüber solchen Urteilen statthaft, nicht dagegen gegenüber anderen Entscheidungen wie z.B. Berufungsurteilen des Landgerichts, Beschlüssen gemäß § 522 Abs. 2 ZPO oder unanfechtbaren erstinstanzlichen Beschlüssen. Ferner kommt mit Rücksicht auf den der amtlichen Begründung zum ZPO-Reformgesetz zu entnehmenden eindeutigen gesetzgeberischen Willen eine analoge Anwendung der Norm auf andere als die in § 321a Abs. 1 Nr. 1 ZPO genannten Entscheidungen nicht in Betracht. Schließlich ist eine Erweiterung des Anwendungsbereichs der Gehörsrüge nicht von Verfassungs wegen geboten.

( ) Selbst wenn man die unstatthafte Gehörsrüge vorliegend als Gegenvorstellung auslegt, muß ihr der Erfolg versagt bleiben. In der Sache bleibt es nämlich bei den in der angefochtenen Entscheidung näher ausgeführten Erwägungen, auf die zur Vermeidung von Wiederholungen Bezug genommen wird.
Im einzelnen: …
(Zusatzbegründung für den Fall, daß eine unanfechtbare amtsgerichtliche Entscheidung mit einer unstatthaften Gehörsrüge angegriffen wird, wenn der unstatthafte Rechtsbehelf auch als Gegenvorstellung ausgelegt werden kann.)

( ) Die vorliegende Entscheidung ist auch einer Gegenvorstellung nicht zugänglich.
(Zusatz z. B. für das Landgericht, weil bei unstatthafter Gehörsrüge gegen ein Berufungsurteil oder einen Beschluß gemäß § 522 Abs. 2 ZPO auch keine Gegenvorstellung statthaft ist.)

( ) Die Gehörsrüge ist vorliegend nicht zulässig. Es mangelt an ... *(rechtlicher Mangel z. B. der Form, der Frist oder der Prozeßfähigkeit und entsprechende Umstände).*

(Ort) , den 9. April 2004
...gericht

(Unterschrift bzw. Unterschriften)

3. Formularbeschluß über die Zurückweisung einer unbegründeten Gehörsrüge

In pp. *(volles Rubrum)*

wird die Gehörsrüge des Beklagten vom 7. April 2004 zurückgewiesen.

Gründe

1. Tatsächliches
Die Ausführungen des Beklagten in der Rügeschrift vom 7. April 2004 sind in tatsächlicher Hinsicht insofern unzutreffend als, ... *(abweichende Umstände kurz darlegen).*

2. Rechtliche Würdigung
Weder durch das Verfahren noch durch das am 1. April 2004 verkündete Urteil ist der Beklagte in seinem durch Art. 103 Abs. 1 GG verfassungsrechtlich verbürgten Anspruch auf Gewährung rechtlichen Gehörs beeinträchtigt worden.

( ) Die diesbezüglich seitens des Beklagten dargelegten Umstände treffen – wie unter 1. ausgeführt – nicht zu. Andere Umstände, die eine Verletzung des Art. 103 Abs. 1 GG begründen könnten, sind nicht ersichtlich.

( ) Der Beklagte verkennt, daß im Wege der Gehörsrüge gemäß § 321a ZPO lediglich eine Verletzung des Art. 103 Abs. 1 GG gerügt werden kann. Dagegen bleiben Verletzungen z. B. des § 139 ZPO oder anderer Verfahrensgrundrechte außer Betracht. Insoweit muß es bei der rechtskräftigen Entscheidung verbleiben. Im Unterschied zu § 139 ZPO schützt Art. 103 Abs. 1 GG jedoch nur gegen überhöhte Anforderungen seitens des Gerichts, und davon kann vorliegend keine Rede sein. Dahinstehen kann dabei, ob das Gericht, indem es ... *(gerügtes Fehlverhalten),* andere Verfahrensrechte des Beklagten verletzt und insofern verfahrensfehlerhaft gehandelt hat.

( ) Dahinstehen kann, ob das Gericht vorliegend durch sein oben dargelegtes Verhalten Art. 103 Abs. 1 GG verletzt hat, denn jedenfalls fehlt es an der gemäß § 321 Abs. 1 Nr. 2, Abs. 2 Nr. 2 ZPO erforderlichen Entscheidungserheblichkeit des gerügten gerichtlichen Fehlverhaltens. Entgegen der vom Beklagten in seiner Rügeschrift vom 7. April 2004 vertretenen Auffassung, ergibt sich aus den von ihm nunmehr dargelegten Umständen nicht, daß ... *(Unerheblichkeit des Vorbringens des Beklagten).*

(Ort) , den 9. April 2004
Amtsgericht

(Unterschrift)

4. Verfügung nach einer begründeten Gehörsrüge

Verfügung

1. Die Gehörsrüge ist begründet, der Prozeß wird fortgeführt.

2. Ausfertigungen und Abschriften des anliegenden Beschlusses über einstweilige Einstellung der Zwangsvollstreckung an RA/RA ./. EB.

3. Termin zur Verhandlung über die Gehörsrüge und die Hauptsache wird bestimmt auf

Dienstag, den 4. Mai 2004, 9.00 Uhr, Saal 16.

4. Zeugen gemäß S. 2 der Rügeschrift vom 7. April 2004 (Bl. 66 GA) laden.

5. Nachricht von 1., 2., 3. und 4. sowie Schreiben an RA Bekl.: „Die Durchführung der Beweisaufnahme (Vernehmung der in der Rügenschrift benannten Zeugen …) wird von der Einzahlung eines Auslagenvorschusses in Höhe von 100,– EUR je Zeuge abhängig gemacht. Frist: 2 Wochen.“ ./. EB.

5. Nachricht von 1., 2., 3., 4. und 5. an RA Kl. ./. EB.

6. z. T.

(Ort), den 9. April 2004
Amtsgericht

(Unterschrift)

5. Formularbeschluß über die einstweilige Einstellung der Zwangsvollstreckung bei begründeter Gehörsrüge

Beschluß

In pp.

( ) Die Zwangsvollstreckung aus dem am … verkündeten Urteil des … – Az. … – wird einstweilen eingestellt.

( ) Die Zwangsvollstreckung aus dem am … verkündeten Urteil des … – Az. … – wird gegen Sicherheitsleistung in Höhe von 110% des zu vollstreckenden Betrages einstweilen eingestellt.

( ) Die Zwangsvollstreckung aus dem am … verkündeten Urteil des … – Az. … – darf nur gegen Sicherheitsleistung in Höhe von 110% des zu vollstreckenden Betrages fortgesetzt werden.

( ) Die bereits getroffenen Vollstreckungsmaßregeln sind gegen Sicherheitsleistung in Höhe von … aufzuheben.

Gründe

Die einstweilige Einstellung bzw. Beschränkung der Zwangsvollstreckung beruht auf den §§ 321a Abs. 6, 707 Abs. 1 S. 1 ZPO.

Vorsorglich wird darauf hingewiesen, daß die vorliegende Entscheidung unanfechtbar ist, §§ 321a Abs. 6, 707 Abs. 2 S. 2 ZPO.

(Ort), 9. April 2004
Amtsgericht

(Unterschrift)

www.ingramcontent.com/pod-product-compliance
Lightning Source LLC
LaVergne TN
LVHW010647300926
849161LV00005B/1056